图书编辑出版
与新技术应用研究

范春龙 著

武汉出版社

（鄂）新登字08号

图书在版编目（CIP）数据

图书编辑出版与新技术应用研究 / 范春龙著 . 武汉：武汉出版社，2024.12. -- ISBN 978-7-5582-7250-9

Ⅰ. G23

中国国家版本馆 CIP 数据核字第 2024E28W83 号

图书编辑出版与新技术应用研究
TUSHU BIANJI CHUBAN YU XINJISHU YINGYONG YANJIU

著　　者：	范春龙
责任编辑：	宋诗琴
封面设计：	新梦渡
出　　版：	武汉出版社
社　　址：	武汉市江岸区兴业路136号　　邮　编：430014
电　　话：	（027）85606403　　85600625
http://www.whcbs.com　　E-mail:whcbszbs@163.com
印　　刷：	武汉鑫佳捷印务有限公司　　经　销：新华书店
开　　本：	880 mm×1230 mm　　1/32
印　　张：	6.25　　字　数：200 千字
版　　次：	2024 年 12 月第 1 版
印　　次：	2024 年 12 月第 1 次印刷
定　　价：	88.00 元

关注阅读武汉
共享武汉阅读

版权所有·翻印必究
如有质量问题，由本社负责调换。

前言

在知识的浩瀚海洋中，图书作为传承文明、启迪智慧的重要载体，其编辑出版工作不仅承载着记录时代变迁、汇聚思想精华的使命，更是连接作者与读者之间不可或缺的桥梁。它不仅仅是文字的选用与编排，更是文化价值的挖掘与再创造，对于促进社会进步、提升公众素养具有不可估量的意义。

随着时代的飞速发展，新技术如同一股强劲的东风，为出版业带来了前所未有的变革。从数字化编辑工具的普及，到人工智能内容筛选与校对的辅助，再到由大数据驱动的市场分析与精准营销，新技术正逐步渗透到图书策划、生产、传播的每一个环节。这些技术的应用，不仅极大地提高了编辑出版的效率与质量，还拓宽了图书的表现形式与传播渠道，使得优秀的文化作品能够跨越时空界限，以更加便捷、多元的方式触达每一位渴望知识的读者。因此，探索图书编辑出版与新技术应用的深度融合，不仅是行业发展的必然趋势，也是推动文化传承与创新的重要动力。

本书旨在全面探讨图书编辑出版与新技术应用的相关内容：首先，深入解析图书选题策划与编辑加工的关键环节，包括选题策划、组稿、审稿、发稿及校对；其次，探究图书制作流程、出版周期控制及营销策略；随后，聚焦图书编辑出版创新与质量提升，探讨"精益思维"在出版领域的应用以及图书编辑出版的业务流程再造和质量提升的有效路径；此外，本书还分析了数字出版的产生、发展及其对图书编辑出版的影响，并研究了不同类型图书的数字出版实践；最后，探讨了新媒体、大数据、人工智能等数字技术如何赋能图书编辑出版，推动行业创新发展的问题。

在写作过程中，本书力求既保留学术著作的严谨性，又不失通俗易懂的魅力，企望读者既能深入理解专业知识，又能感受到技术进步对行业的深刻变革。从缘起到付梓，本书获得了许多专家和学者的帮助与指导，在此表示衷心的感谢。由于笔者的能力有限，加之时间紧迫，书中可能存在一些疏漏之处，希望读者们能够提供宝贵的意见和建议，以便笔者进一步修订，使其更加完善。

目录

第一章　图书选题策划与编辑加工　1

第一节　选题策划的特点与原则　2

第二节　选题策划的一般内容　21

第三节　图书组稿的准备与落实　35

第四节　图书审稿、发稿与校对　46

第二章　图书制作与出版营销探究　63

第一节　图书制作流程与材料分析　64

第二节　图书出版周期及其控制　77

第三节　图书营销难点与策略思考　84

第三章　图书编辑出版创新与质量提升　　95

第一节　图书编辑出版的"精益思维"　　96
第二节　图书编辑出版的业务流程再造　　106
第三节　图书编辑出版质量的提升路径　　115

第四章　数字出版发展与图书编辑出版实践　　121

第一节　数字出版的产生与发展　　122
第二节　数字出版对图书编辑出版的影响　　126
第三节　图书编辑出版过程中的数字化技巧　　131
第四节　不同类型图书的数字出版实践研究　　144

第五章　数字技术赋能图书编辑出版创新　　164

第一节　新媒体技术优化图书编辑出版　　165
第二节　大数据技术革新图书编辑出版　　173
第三节　人工智能与图书出版融合发展　　180

结语　　188

参考文献　　189

第一章　图书选题策划与编辑加工

选题策划,作为出版流程的起步,其特点与原则奠定了整个出版工作的基础。本章详细解析选题策划的具体内容,以及组稿、审稿、发稿和校对等关键环节的操作方法,以期为读者了解后续图书制作与出版流程打下坚实基础。

第一节　选题策划的特点与原则

一、选题策划的特点

图书选题计划是编辑对准备提出申报出版的图书的总体构思和策划，是依据党和国家的方针、政策，根据各个学科的研究状况和产业发展状况，根据读者的实际需求，根据图书市场变化发展的趋势，根据所在出版社的图书结构及自身的选题策划优势，对所收集、感受和领悟到的有关信息进行提炼、筛选和升华的结果。出版社编辑人员的构思和策划，对制订选题计划起着十分重要的作用。单个的和系列的选题计划，是编辑构思和策划的产物；年度的和长远的选题计划，是社长、总编辑和全社员工总体构思和总体策划的产物。成功的选题策划，是出版精品图书的基础，同时又反映了编辑人员的创造性劳动。因此，积极主动地策划选题，是编辑的基本职责。

（一）个体性

选题策划作为一种高度个体化的高级智力活动，其质量直接映射出编辑创造性劳动的深度与广度，彰显了编辑创造性思维的发挥程度，同时也深刻反映了编辑在开发、利用及整合出版资源等方面的能力，进一步体现了编辑的职业素养水平。这一过程不仅是对编辑综合能力的全面考验，也为编辑提供了充分展示其才华与创造力的广阔舞台。编辑的专业水准与创新思维的高度，往往直接决定其所策划选题的质量水平。在编辑所需具备的多种素质中，对事物的敏锐观察力、对选题的精准把握能力以及高效的信息过滤能力，是对选题策划质量起到关键性作用的核心素质。

一是对事物的观察力。就事物而言，客观事物一直以其本来面貌存在。作为一个编辑，对各种与选题策划有关的事物要有一种洞若观火的观察力，在事物初显端倪时，就能从中捕捉到有价值的选题策划元素。

二是对选题的把握能力。在一般情况下，选题的文化含量越高、时空跨越度越大、涉及的信息资源越多，编辑对选题的把握难度就越大，因此，高质量的选题策划需要编辑具有与选题相适应的把握能力和把握水平。

三是对信息的过滤能力。互联网问世后，随着各种信息在网上的海量复制和传播，社会信息流量急剧增长，信息数量呈几何级增长。信息发布的数量大大超过了人们的心理接受阈值，造成了信息传播过剩，使相当一部分信息的传播成了"无用功"。信息传播的无限扩容与读者接收信息有限性的矛盾日益突出。与信息传播的大量过剩相反，人的注意力是一个常数，是有限的，在一定时间内，人不可能同时关注所有事物，只能有选择地关注，相对于信息资源的无限增多和相对过剩，注意力成了稀缺资源。编辑对信息有过滤能力，就能通过对信息的分析和判断，从海量信息中找到自己所需要的与选题策划相关的信息，从而提升自己的有效信息量。

（二）选择性

从一定意义上说，选题策划的实质是文化选择。编辑作为出版社的工作人员，手上掌握着对选题和稿件生杀予夺的大权，作者的书稿也只有经过编辑的选择，才能在社会上得到传播，产生一定的社会反响。编辑对选题的选择有以下四个特点。

1. 责任感

选题的选择不仅仅是编辑工作流程中的一个环节，它更体现了编辑对文化传播的责任与担当。每一个选题决策，都关乎着文化内容的传播方向和质量，这对编辑来说，无疑是一项重大的社会责任。编辑在选择选题时，必须深思熟虑，充分考虑到选题的文化价值、市场需求以及可能产生的社会影响,力争使所选择的选题既符合出版社的定位和发展方向,又能满足广大读者的阅读需求。

这种责任感推动着编辑在选题策划时,不仅要关注作品的市场潜力,更要关注其文化内涵和社会价值。编辑需要凭借自己的专业素养和敏锐的市场洞察力,从众多稿件中挑选出那些真正有价值的作品,使之能够经过出版流程的打磨,最终呈现在读者面前。

2. 导向性

编辑的选题选择,从更宏观的角度看,其实质是一种具有深远影响的文化导向。每一次选题决策,都在无形中引导着读者的阅读方向和社会的文化潮流。因此,编辑在选择选题时,必须具备前瞻性和引领性,要能够预见选题可能带来的社会影响,并积极引导正面的文化价值观。

在这一过程中,编辑需要充分发挥自己的专业判断能力,筛选出那些具有正面引导作用的选题,推动社会文化的健康发展。同时,编辑还需要密切关注市场动态和读者反馈,以便及时调整选题策略,确保出版社的文化产品能够与时俱进,满足不断变化的市场需求。

3. 实效性

选题的选择还直接关系到出版的社会效率。一个优秀的选题，能够在短时间内吸引大量读者的关注，产生广泛的社会影响，进而推动文化的传播和发展。这种实效性正是现代社会所急需的，它要求编辑在选题策划时，必须充分考虑市场需求和读者兴趣，以最快的速度将优质的文化产品推向市场。

要提高选题选择的效率，编辑需要运用科学的方法和观点来指导决策。编辑需要不断学习，及时更新自己的知识储备，以便更准确地把握市场动态和读者心理。同时，编辑还需要通过与作者、读者和其他相关方的有效沟通，提升选题的针对性和实效性。

4. 倾向性

虽然编辑在选择选题时应尽量保持客观、公正的态度，但实际上，他们的选择总是不可避免地表现出一定的倾向性。这种倾向性可能源于编辑个人的文化背景、审美偏好或市场判断。因此，在选题策划过程中，编辑需要充分认识到自己的主观性对选题决策的影响，并努力保持客观中立的立场。

同时，编辑还应关注社会的整体文化需求和发展趋势，以便在选择选题时能够更好地反映和引领社会文化的发展方向。通过不断学习和实践，编辑可以逐渐提高自己的专业素养和市场敏感度,从而做出更加明智和负责任的选题决策。

(三)专业性

编辑在策划选题时,并非无差别地涉猎所有领域或内容,而是有所侧重。实际上,不存在一位能够通晓并策划所有领域选题的编辑。更准确地说,编辑成功的选题策划往往是在其专业领域内,凭借深厚的专业知识与经验来实现的。因此,专业性构成了选题策划的一个基本且不可或缺的条件。

首先是编辑知识结构的专业化。在一个出版社中,由于每个编辑所学的专业知识和所熟悉、研究的领域不同,每个编辑的创造优势不尽相同,选题策划方面的主攻方向也各不相同。这些不同点有利于出版社编辑群体之间的优势互补,使编辑在优势互补中取长补短,形成新的竞争优势。

其次是出版领域的专业化。出版社原有的专业分工已被打破,但没有专业分工不等于不要专业分工,现在出版社的专业分工,由出版行政部门划定变为出版社自主选择。任何一家出版社,特别是成功的出版社,都有其优势出版领域,有其形成一定市场影响的图书品牌。

图书的背后是编辑,一个出版社能出版什么样的图书,在很大程度上由编辑的策划优势所决定。编辑对哪个领域比较熟悉,比较有感觉,比较有研究,比较有把握,这个领域就成了编辑的主攻方向，成了编辑的用武之地。因此，出版社的选题策划要建立在编辑人才合理配置的基础上，以自己的人才优势、选题策划优势、学科积累优势等，吸引一流的作者加盟，促使他们把自己的作品交给本社出版。作者，特别是一些全国知名的作者，特别珍惜自己的创造性劳动成果，他们都愿意把自己的作品交给最合适的出版社出版。因此，编辑在选题策划中，要坚持有所为有所不为，体现出版社的专业特色和竞争优势。

二、选题策划的原则

随着出版市场的竞争日益激烈，如何科学地进行选题策划，已成为出版社必须面对的问题。下面将探讨图书选题策划的原则，以期为出版行业的健康发展提供有益的参考。

（一）市场需求导向原则

在市场竞争日益激烈的今天，以市场需求为导向进行选题策划，能够帮助图书产品更加符合读者的期望和需求，从而提升市场竞争力。

1. 市场调研的必要性

市场调研是选题策划的基础工作。编辑通过深入的市场调研可以全面了解市场动态和读者需求，为选题策划提供有力的数据支持。

（1）读者需求分析。通过问卷调查、读者访谈、网络数据挖掘等方式，编辑可以深入了解读者的阅读习惯、兴趣偏好、消费能力等，从而准确把握目标读者群体的阅读需求。这有助于策划出更加贴近读者心声的图书选题。

（2）市场趋势预测。通过分析历史销售数据、行业动态以及社会文化发展趋势，编辑可以预测未来一段时间内市场的热点和趋势，从而把握市场机遇，提前布局，策划出具有前瞻性的图书选题。

（3）竞争对手分析。通过对竞争对手的图书产品、市场策略、销售渠道等进行深入分析，编辑可以了解自身的优势和不足，为选题策划提供有益的参考。同时，也可以借鉴竞争对手的成功经验，避免走弯路。

2. 针对性选题策划

在充分了解市场需求的基础上，进行针对性的选题策划是提升图书市场竞争力的关键。

首先，根据市场调研结果，选择具有潜力的细分市场进行深入挖掘。通过精准定位目标市场和读者群体，可以策划出更加符合市场需求的图书选题。例如，针对青少年科普读物市场，可以策划一系列寓教于乐的科普图书，满足青少年对科学知识的渴望。

其次，在细分市场的基础上，进一步划定具体的目标读者群体。通过深入了解目标读者的年龄、性别、教育背景、兴趣爱好等信息，可以更加精准地把握他们的阅读需求。这有助于选题策划者策划出更加贴近目标读者心理的图书选题，提升图书的市场吸引力。

3. 市场反馈机制的建立

建立有效的市场反馈机制是帮助选题策划持续优化的重要手段。

（1）销售渠道的反馈收集。通过与各大销售渠道建立良好的合作关系，定期收集销售数据、读者反馈等信息。这些数据可以直观反映图书的市场表现以及读者的购买意愿和偏好，为选题策划的调整和优化提供有力支持。

（2）读者评价与意见征集。通过在线调查、读者座谈会等方式，主动收集读者对图书选题的看法和建议。这些宝贵的反馈信息可以帮助策划者及时发现问题并改进选题策略，从而提升图书的市场竞争力。同时，与读者互动交流还能增强读者对图书品牌的认同感。

（二）内容创新与质量至上原则

随着出版市场的日益繁荣和竞争的加剧，内容创新与质量至上原则在图书选题策划中的地位愈发凸显。这一原则要求出版机构在选题策划时，不仅要关注市场需求，更要注重内容的独特性和高品质，以此提升图书的吸引力和影响力。

1. 选题的创新性

选题的创新性是图书策划的核心要素之一，它直接关系到图书的市场竞争力和读者吸引力。在选题策划过程中，应注重对原创内容的挖掘与鼓励，以及对传统内容的重新解读与呈现。

（1）对原创内容的挖掘与鼓励。在策划过程中，应积极挖掘具有新颖性、独特性的原创内容，鼓励作者创作出富有创意和个性的作品。通过市场调研和读者反馈，了解读者的阅读需求和兴趣点，从而有针对性地挖掘和策划原创选题。同时，建立完善的激励机制，为作者提供良好的创作环境和资源支持，以激发其创作热情和创新能力。

（2）对传统内容的重新解读与呈现。通过对传统内容的深入挖掘和重新阐释，可以发现其与现代社会的契合点，从而使其焕发新的生命力。这种重新解读和呈现不仅可以满足读者的阅读需求，还能促进传统文化的传承和发展。

2. 内容的深度与广度

在选题策划时，应注重对学术价值与文化内涵的追求，以及跨学科、跨领域的内容融合，从而提升图书的整体品质。

首先，选题策划应关注图书的学术价值和文化内涵。通过选择具有深度和广度的主题，挖掘其背后的学术意义和文化价值，可以提升图书的层次和品位。同时，可积极邀请相关领域的专家学者进行撰写或审阅，提升内容的准确性和权威性。这种对学术价值和文化内涵的追求，有助于提升图书的社会影响力和市场竞争力。

其次，在当今社会，跨学科、跨领域的研究已成为一种趋势。选题策划应紧跟这一趋势，注重不同学科、领域之间的融合与碰撞。通过整合多元化的知识和资源，打破传统学科的界限，可以策划出更具创意和实用性的图书选题。这种跨学科、跨领域的内容融合不仅有助于拓宽读者的知识视野，还能推动学术研究和文化创新的发展。

3. 编校质量的把控

在选题策划过程中，应注重专业编辑团队的组建与培训以及严格的三审三校制度的执行，从而确保图书的出版质量。

（1）专业编辑团队的组建与培训。出版机构应组建具备专业素养和丰富经验的编辑团队，并定期进行培训和学习，提升其编辑技能和知识水平。同时，建立完善的激励机制和考核机制，激发编辑人员的工作热情和责任心。通过专业编辑团队的精心打磨和雕琢，进一步提升图书的整体品质。

（2）严格的三审三校制度。在选题策划过程中，应严格执行这一制度，确保图书内容的准确性和规范性。通过初审、复审和终审三个环节的层层把关以及细致入微的校对工作，可以及时发现并纠正图书中的错误和疏漏。这种严格的质量控制机制有助于提升出版社的信誉度和市场竞争力。

（三）社会效益与经济效益并重原则

在图书选题策划中，社会效益与经济效益并重原则是指既要考虑到选题带来的社会价值和影响，也要注重其经济效益的实现。这一原则要求策划者在选题策划时，应综合考虑选题的社会意义、市场需求、成本控制等多方面因素，以实现社会效益和经济效益的双赢。

1.对社会效益的考量

选题的社会效益主要体现在其社会价值和意义上，以及对公众舆论与文化的引导作用。

在策划图书选题时，应首先评估其社会价值和意义。一个具有深刻社会价值的选题，能够引发读者的共鸣和思考，进而对社会产生积极的影响。例如，关于环境保护、社会公平、人类命运共同体等主题的图书，都具有深远的社会意义，能够激发读者的环保意识、公正意识和全球意识等。

图书作为文化传播的重要载体，对于公众舆论和文化建设具有显著的引导作用。策划具有正向引导作用的选题，有助于传播正能量，弘扬主旋律，推动社会文化的健康发展。例如，通过出版反映时代精神、讴歌人民奋斗精神、展现社会进步的图书，可以引导公众树立正确的价值观，增强文化自信。

2. 对经济效益的追求

一个成功的选题不仅应具有良好的社会效益，还应具备可观的市场潜力和合理的盈利模式。

在策划图书选题时，策划者应对其市场潜力进行深入分析。这包括了解目标读者的需求、购买力和阅读习惯，以及同类图书的市场表现等。通过市场调研和数据分析，可以预测选题的市场前景，从而制订更精准的策划方案。例如，针对当前社会热点和读者兴趣点策划的选题，往往具有更大的市场潜力。

在追求经济效益的过程中，成本控制和盈利模式设计也很重要。策划者应根据选题的特点和市场定位，合理规划编校、印刷、发行等环节的成本预算，并设计具有吸引力的盈利模式。例如，可以通过合理的定价策略、多元的销售渠道以及创新的营销策略来实现盈利目标。

3. 对双向效益平衡点的探索

在图书选题策划中，寻求社会效益和经济效益的平衡点是一个持续的挑战。这要求策划者具备全局观念和长远眼光，既要关注选题的短期市场表现，也要考虑其长期的社会影响和价值。

在权衡长期效益与短期效益时，策划者应明确选题的长远发展目标和阶段性任务。一些选题可能在短期内市场表现不佳，但具有深远的社会意义和长期的市场潜力。因此，策划者需要综合考虑选题的时效性、持续性以及未来发展趋势等因素，做出明智的决策。

实现社会效益与经济效益的双赢是图书选题策划的理想状态。为了达成这一目标，策划者可以采取多种策略。例如，通过深入挖掘选题的社会价值和文化内涵来提升选题的市场竞争力；通过创新营销手段和拓展销售渠道来扩大选题的影响力；通过与读者互动和收集反馈来不断优化选题内容与形式等。这些策略有助于在保障社会效益的同时实现经济效益的最大化。

（四）可持续发展原则

在图书出版领域，可持续发展原则强调的是在选题策划过程中考虑资源利用的持久性、品牌建设的长期性以及绿色环保理念的融入。这一原则对于出版社的长期发展、市场竞争力的提升以及社会责任的履行具有重要意义。

1. 选题资源的可持续性

选题资源的可持续性是指在选题策划过程中，要注重作者资源和内容资源的持续开发与维护。

（1）作者资源的培养与维护。优秀的作者团队能够为出版社提供高质量的内容保证。因此，出版社需要建立一套完善的作者培养与维护机制。这包括发掘和培养新晋作者，为他们提供必要的写作指导和资源支持；同时，与已有作者保持良好的合作关系，通过合理的稿酬、及时的反馈以及有效的宣传推广，激励他们持续为出版社贡献优质作品；此外，出版社还可以通过组织作者交流会、研讨会等活动，促进作者间的交流与合作，从而进一步丰富和拓展作者资源。

（2）内容资源的更新与拓展。随着社会的快速发展和读者需求的不断变化，出版社需要密切关注市场动态和读者反馈，及时调整和更新选题方向。这要求出版社具备敏锐的市场洞察力和创新能力，能够不断挖掘新的内容热点和创作角度。同时，出版社还应积极拓展内容资源的来源渠道，如与其他媒体、机构或个体合作，共同开发具有市场潜力的选题项目。

2.品牌建设的长期性

一个强大的品牌不仅能够提升出版社的市场影响力，还能够吸引更多的优秀作者和读者资源。

（1）出版社品牌形象的塑造。出版社需要通过精准的市场定位和独特的品牌形象设计，在读者心中形成独特的印象和认知。这包括确定出版社的核心价值观和出版理念，以及在宣传推广中保持一致性和连贯性。同时，出版社还应注重与读者的互动与沟通，及时了解读者的需求和反馈，以便不断调整和优化品牌形象。

（2）系列选题与品牌延伸。通过策划具有内在联系和共同主题的系列选题，出版社可以进一步巩固和拓展品牌形象。系列选题不仅能够满足读者的多样化需求，还能够通过不同作品之间的互补和呼应，增强品牌的整体效应。此外，出版社还可以利用品牌延伸策略，将品牌影响力扩展到其他相关领域，如开发衍生品、举办相关活动等，从而进一步提升品牌的知名度和美誉度。

3.绿色环保理念的融入

随着人们环保意识的日益增强，绿色环保理念在图书选题策划中的融入显得尤为重要。这不仅体现了出版社的社会责任担当，也有助于提升读者的环保意识和行为参与度。

在图书选题策划过程中，出版社应优先考虑使用环保材料进行印刷和装帧。例如，选择可回收纸张、环保油墨等环保材料，以减少对环境的污染。同时，出版社还可以通过在图书中附加环保小贴士、推广环保理念等方式，引导读者关注环保问题并积极参与环保行动。

通过数字化技术，出版社可以减少纸张等实体材料的使用量，从而减少对环境的影响。此外，数字化出版还具有传播速度快、互动性强等优势，能够满足现代读者的阅读习惯和需求。在推广数字化出版的同时，出版社还应注重节能减排工作，如优化印刷工艺、提高设备能效等，以降低生产过程中的能源消耗和排放。

（五）风险管理与评估原则

风险管理与评估原则强调在选题策划的各个阶段，都应对潜在的风险进行充分的预测、分析和应对，以确保项目的顺利进行，并最大化地实现选题的经济效益和社会效益。

1. 市场风险预测与应对

市场需求的快速变化、竞争对手的策略调整等都可能对选题的市场表现产生显著影响。因此，对市场风险进行预测与应对显得尤为重要。

一方面，策划者需要具备高度的市场敏感性，密切关注行业动态和读者需求的变化。通过市场调研、数据分析等手段，及时捕捉市场趋势，预测可能的风险点。例如，对于某些热门话题或流行趋势，策划者应迅速反应，评估其对选题的影响，并作出相应的策略调整。同时，对于市场反馈不佳的选题，也应及时分析原因，采取补救措施或调整出版计划。

另一方面，为了更有效地应对市场风险，策划者需要建立一套完善的风险预警机制。这包括设定明确的风险预警指标，如销售额下滑、读者反馈不佳等,并制定相应的应对措施。一旦触发预警指标,策划者应立即启动应急预案,对选题进行重新评估和调整,最大程度地降低市场风险对选题的影响。

2. 法律风险的防范

在图书选题策划过程中,版权问题、合同纠纷等都可能给出版社带来巨大的经济损失和名誉损害。因此,策划者需要采取切实有效的措施来防范法律风险。

首先,在选题策划阶段,策划者应对涉及的版权问题进行严格的审查。这包括确认作者是否拥有作品的完整版权、是否存在版权纠纷等。为了确保版权的合法性,策划者可以与作者签订详细的版权协议,明确双方的权利和义务。同时,对于引用他人作品或图片的情况,也应确保已获得原作者的授权或许可。

其次,合同管理的规范与完善。策划者应与作者、编校人员等相关方签订详细的合同,明确各自的责任、权利和义务。合同内容应包括作品的交付标准、时间节点、稿酬支付方式等关键条款。同时,策划者还应定期对合同履行情况进行检查和监督,确保各方严格遵守合同约定,从而避免潜在的法律纠纷。

3. 评估体系的建立与完善

为了确保选题策划的质量和效果,策划者需要建立一套科学、合理的评估体系。通过对选题的量化评估和定期的动态调整，可以及时发现并解决问题，确保选题的成功实施。

（1）选题效果的量化评估指标。策划者可以根据选题的特点和目标读者群体，设定一系列具体的评估指标，如销售额、读者满意度、市场占有率等。通过这些指标的变化情况，可以直观地反映选题的市场表现和社会影响力。同时，量化评估还有助于策划者对不同选题进行横向比较，从而优化选题结构和资源配置。

（2）定期评估与动态调整策略。策划者应定期收集和分析市场反馈、读者评价等数据，对选题进行全面的评估。根据评估结果，及时发现选题存在的问题和不足，并制定相应的改进措施。同时，随着市场环境和读者需求的变化，策划者还应灵活调整选题策略，以适应新的市场形势。通过动态调整选题方向、内容设置和推广方式等手段，促使选题始终保持与市场的紧密契合。

第二节　选题策划的一般内容

一、选题结构的策划

出版社的图书结构，是出版社的竞争优势、经济实力和编辑人才、作者资源优势的综合体现，图书结构是由选题结构决定的，选题结构的优化与否，直接关系到出版社的可持续发展程度。[①] 在优化结构中，选题结构的优化是基础性、根本性的工作。

（一）选题的个体优化和整体优化

选题结构的优化是一个多维度、多层面的过程，它涵盖了选题的个体优化与整体优化两个方面，且这两者是相辅相成、不可分割的。衡量选题结构是否达到优化的标准，主要取决于选题策划是否具有创造性，是否能够在激烈的市场竞争中脱颖而出。

---

①朱胜龙编著《现代图书编辑学概论（第2版）》，苏州大学出版社，2013，第188页。

1. 选题的个体优化

选题的个体优化意味着对每个选题都进行精心的策划和细致的筛选。这不仅包括对选题内容的深入挖掘和精准定位,还涉及对市场需求、读者偏好以及同类竞争产品的全面分析。通过这种个体化的优化过程,可以帮助选题达到或接近优秀的标准,从而提升整个出版社的图书质量和市场竞争力。

在进行个体优化时,策划人员需要充分发挥自己的专业素养和市场洞察力,对每个选题进行全方位的考量。这包括但不限于选题的创新性、实用性、可读性以及市场潜力等方面。只有经过这样严格的筛选和策划,才能帮助选题满足读者的需求,进而实现出版社的社会效益和经济效益。

2. 选题的整体优化

选题的整体优化,也称为系统优化,是建立在个体优化的基础之上的。它要求选题结构不仅要在单个选题上达到优秀,还要在整体层面上实现合理化和协调化。这意味着策划人员需要从全局出发,考虑各个选题之间的相互关系和影响,以确保整个选题体系的均衡和协调。

系统优化的核心在于构建一个科学合理、层次分明的选题结构。这要求出版社根据自身的定位和发展战略,对不同类型、不同题材的选题进行合理的配置和布局。通过这种方式,既可以确保出版社的图书结构的丰富多样，又能够满足不同读者的需求，从而实现出版社的整体发展和市场占有率的提升。

（二）增强创新意识

创新是推动选题优化的核心动力，也是出版社在激烈的市场竞争中立足的关键。通过增强创新意识，可以使选题具有独创性和新颖性，从而吸引读者的注意力并提升出版社的品牌形象。

创新意识的培养需要贯穿于选题策划的始终。策划人员需要时刻保持对市场动态和读者需求的敏感度，不断寻找新的创意和突破点。同时，出版社也应该建立完善的创新激励机制，鼓励策划人员大胆尝试、勇于创新，为选题策划注入源源不断的活力。

具体而言，增强创新意识可以从以下几个方面入手：一是关注行业动态和前沿趋势，及时捕捉新的创作理念和市场需求；二是加强与作者、读者等各方面的沟通与交流，汲取多方意见和建议；三是定期组织内部培训和研讨活动，提升策划人员的专业素养和创新能力。

二、图书定价的策划

图书定价也需要策划。合理的定价策略不仅能够激发读者的购买欲望，还能有效促进图书的销售和市场推广。因此，对于出版社而言，如何科学地进行图书定价策划，显得尤为重要。

首先，图书定价与读者购买意愿之间存在着密切的联系。读者在购买图书时，往往会根据自身的经济状况、阅读兴趣以及图书的价值感知来评估其价格合理性。因此，图书定价需要精准地把握目标读者群的心理价位，以确保价格与读者的预期相符。过高的定价可能会让读者感到性价比不高，从而转向其他更经济实惠的读物；而过低的定价则可能让一部分具有较高收入水平和购买力的读者低估图书的价值，从而影响其购买决策。近年来，越来越多的出版社开始采用倒推定价的方法进行图书定价策划。这种方法以读者为中心，通过深入分析目标读者群的购买力、阅读习惯和消费需求，来确定一个既能吸引读者又能保证出版社利润的图书定价。在此基础上，出版社再根据定价来决定图书的成本预算，包括纸张选择、印刷工艺、版式设计等方面的投入，以确保在控制成本的同时，为读者提供优质的阅读体验。实践表明，不同购买力的读者群对于图书价格有着不同的接受上限。这一上限可以通过市场调研、数据分析以及读者反馈等多种途径进行预设和评估。了解并把握这些价格上限，对于出版社制定差异化定价策略、满足不同读者群的需求具有重要意义。

其次，图书定价策划还需要考虑市场竞争环境、图书类型、作者知名度以及营销策略等多重因素。例如，在竞争激烈的市场中，适当的价格优惠或促销活动可能有助于提升图书的市场份额；而对于一些具有独特价值或高度专业性的图书，则可能需要通过较高的定价来体现其稀缺性和专业性。

综上所述，图书定价策划是一个复杂而细致的过程，需要出版社综合考虑多方面因素，以确保定价策略的合理性和有效性。通过科学的定价策划，出版社不仅能够更好地满足读者的阅读需求，还能有效提升自身的市场竞争力，实现经济效益和社会效益的双赢。

三、图书书名的策划

在图书出版领域，书名不仅是一本图书的标识，更是其市场定位、独特个性的集中展现。一个精心构思的书名，富含深厚的文化底蕴，形象生动且易于记忆，从而艺术化地将图书的核心信息和特色传递给广大读者。这样的书名不仅能为读者带来愉悦的审美体验，还能在图书与读者间建立起微妙的心理联系和情感共鸣。更重要的是，通过书名的巧妙解读，能够激发读者的阅读需求，进一步促成读者的购买行为。当前，众多出版社已经重新认识到书名在信息编码与解码功能中的重要性，并积极利用书名的解读效应，加大在营销策划中的力度，通过引人注目的书名占据读者的心理高地。

（一）图书书名的策划要点

在策划图书书名时，需细致考虑以下要点，以确保书名能够充分发挥其市场吸引力和信息传递功能。

1. 吸引读者注意力

在浩瀚的书海中，一个能够迅速抓住读者眼球的书名是至关重要的。为了吸引读者的注意力，书名需要具有独特性，避免与已有的书名过于相似。同时，书名应能准确反映书籍的核心内容或主题，从而让读者在短时间内对书籍产生浓厚的兴趣。此外，利用修辞手法如比喻、拟人等，可以增强书名的表现力和吸引力，使读者在第一眼看到书名时便能产生强烈的阅读欲望。

2. 激发读者想象力

一个好的书名不仅能够直接传达书籍的信息，还能激发读者的想象力和探索欲。通过使用富有诗意的语言或提出引人入胜的问题，书名可以引导读者进入一个未知的世界，激发他们对书籍内容的无限遐想。这种想象力的激发对于吸引读者深入阅读书籍具有至关重要的作用。

3. 增强亲和力

书名作为图书与读者的第一次亲密接触，其亲和力的大小直接影响着读者的购买决策。为了增强书名的亲和力，可以考虑使用温暖、亲切的语言风格，或者融入读者熟悉的元素和文化符号。此外，书名还可以体现一种积极向上的情感基调，让读者感受到书籍所带来的正能量和温暖。

4. 打造时尚用语

在当今这个信息爆炸的时代，书名也需要与时俱进，紧跟时代潮流。通过使用流行词汇或创造新的表达方式，书名可以迅速抓住年轻读者的心。同时，时尚用语的使用还能使书名更具传播性，在社交媒体等平台上引起读者的广泛讨论和分享。然而，需要注意的是，时尚用语的选择应恰当且符合书籍的整体风格，避免因过于追求新奇而忽视书名的内在意义和价值。

（二）图书书名策划的误区

在图书书名策划过程中，尽管许多出版机构都致力于创新与吸引读者，但仍存在一些常见的误区，这些误区可能会对图书的市场表现和读者接受度产生负面影响。以下是对这些误区的详细分析。

1. 过度追求新奇独特而忽视内容关联性

在书名策划时，有时为了吸引眼球，策划者可能会选择一些过于新奇或独特的词汇，而这些词汇与图书内容并无直接关联。这种做法虽然可能在短期内引起关注，但长期来看，若书名与内容脱节，会导致读者对图书的信任度降低，影响口碑和销售。因此，书名的新奇性应与内容的主题和风格相契合，以确保读者能够通过书名对图书内容有初步且准确的判断。

2. 滥用流行语或热门词汇

随着网络文化的兴起，流行语和热门词汇时常成为书名策划的灵感来源。然而，滥用这些元素可能导致书名过于肤浅或时效性过强。一旦这些流行语或热门词汇的热度消退，书名可能会过时，甚至引起读者的反感。因此，在运用这些元素时，应谨慎考虑其长期效应和与图书内容的契合度。

3. 忽视目标读者群体的特点

不同的读者群体有着不同的阅读偏好和审美习惯。在书名策划时，若忽视目标读者群体的特点，可能导致书名无法有效吸引潜在读者。例如，针对青少年的图书若使用过于晦涩或成人化的书名，可能会降低其阅读兴趣。因此，深入了解目标读者群体的喜好和需求，是书名策划中不可或缺的一环。

4. 过度夸大或缩小内容范围

为了吸引读者注意，有时书名可能会过度夸大图书的内容范围或深度，造成读者的误解。相反，有时书名又可能过于保守，未能充分展示图书的丰富内涵。这两种情况都可能导致读者对图书的实际感受与预期不符，从而影响阅读体验和满意度。因此，书名应准确反映图书的主题和核心内容，既不过度夸大也不随意缩小其内容范围。

5. 缺乏文化敏感性和审美考虑

在全球化的背景下,书名策划还需考虑文化敏感性和审美因素。某些在特定文化中具有特定含义的词汇或表达方式,在其他文化中可能并不适用或易产生误解。同时,书名的审美价值也是吸引读者的重要因素之一。一个富有诗意和美感的书名往往能更好地激发读者的阅读兴趣。因此,在书名策划过程中,应充分考虑文化差异和审美需求,以确保书名在不同文化背景下都能产生积极的共鸣。

(三)书名策划的常见类型

书名策划的类型多种多样,每种类型都有其独特的表现形式和适用情境。以下列举并分析了十六种常见的书名策划类型。

一是正话反说型。此类书名采用反语或悖论的方式,通过颠倒常规认知来吸引读者。例如《不平凡的平凡人》,书名中的矛盾表达引发读者的好奇心,进而激发读者阅读欲望。

二是言简意赅型。这类书名简洁明了,直接点明书籍主题或核心观点。例如《时间简史》,简短的书名准确地传达了书籍的内容和目的。

三是开门见山型。此类书名直截了当地揭示书籍的主要内容或目的。例如《股市入门指南》,书名即明确告知读者这是一本关于股市入门的指导书籍。

四是轻松调侃型。这类书名带有一种轻松幽默的口吻,适合休闲或娱乐性强的书籍。例如《懒得理你,我就看书》,书名中的调侃语气能够吸引年轻读者的注意。

五是幽默搞笑型。这类书名通过幽默或搞笑的元素来吸引读者,十分生动有趣。例如《史上第一混乱》,书名本身就充满了幽默感,能够引起读者的阅读兴趣。

六是时尚流行型。这类书名结合当前流行趋势或热门话题来命名,具有时效性和话题性。例如《潮流穿搭指南》,紧跟时尚潮流,吸引追求时尚的读者群体。

七是情感煽动型。这类书名通过传达强烈的情感或情绪来触动读者的内心。例如《让爱回家》,书名中的"爱"和"回家"都是情感色彩浓厚的词汇,能够引发读者的共鸣。

八是揭短露丑型。此类书名通过揭示某些不为人知或不愿被人知晓的事实来吸引读者。例如《黑幕:×××行业的潜规则》,书名中的"黑幕"和"潜规则"都是揭短露丑的元素,能够激发读者的好奇心和探究欲。

九是危言耸听型。此类书名通过夸大其词或制造紧张气氛来吸引读者注意。例如《即将消失的文明》,书名中的"即将消失"传达了一种紧迫感和危机感,促使读者想要了解更多。

十是抒情想象型。此类书名充满诗意和想象力，能够引发读者的情感共鸣和审美愉悦。例如《梦中的橄榄树》，书名中的"梦"和"橄榄树"都是富有抒情和想象空间的元素。

十一是时代气息型。此类书名紧密结合时代背景或社会现象，反映当代社会的热点和趋势。例如《数字时代的生存法则》，书名中的"数字时代"明确指出了书籍的时代背景，吸引对这一时代感兴趣的读者。

十二是心理暗示型。此类书名通过给读者传递某种心理暗示或启示，引导读者产生某种情感或思考。例如《心灵的力量》，书名暗示了书籍将探讨心灵的力量及其对个人成长的影响。

十三是经典语录型。此类书名通过引用经典语句或名言来吸引读者。例如《少有人走的路》，书名引用了一句广为人知的经典语录，能够引发读者的共鸣和兴趣。

十四是集约浓缩型。此类书名将书籍的核心内容或主题以高度浓缩的方式呈现在书名中。例如《一本书读懂中国》，书名简洁明了地表达了书籍的主旨和目的。

十五是提问质疑型。此类书名通过提问或质疑的方式来激发读者的好奇心和探究欲。例如《谁动了我的奶酪？》，书名以提问的方式呈现，引发读者的思考和兴趣。

十六是哲理意味型。此类书名蕴含深刻的哲理或思想内涵，能够引发读者的思考和感悟。例如《生命中不能承受之轻》，书名中的"不能承受之轻"蕴含了深刻的哲学思考和人生感悟。

四、图书附加值的策划

在当今的出版产业中，图书的价值已不再局限于其物质载体和内容本身，而是向着更多元化、动态化的方向发展。这种价值的演变，既反映了市场经济条件下出版业的发展趋势，也体现了读者需求日益多样化和个性化的特点。因此，深入研究和探讨图书附加值的策划，对于提升出版物的市场竞争力、实现出版效益的最大化具有重要意义。

图书的静态价值，即基本价值，主要通过定价来体现，并通过发行利润得以实现。这一价值形态相对稳定，但受限于市场容量和读者购买力等因素。相较之下，图书的动态价值，即第二价值，具有更广阔的开发空间和增值潜力。它涵盖了品牌价值、保值增值价值、版权转让价值等多个层面，是新时期出版营销应重点关注的领域。

（一）利用市场供求规律

市场供求规律是经济学的基本原理之一，它同样适用于出版市场。当某类图书的市场需求大于供应时，其价格和价值往往会得到提升。因此，出版机构应密切关注市场动态，准确把握读者需求的变化趋势，及时调整出版策略，以满足市场需求

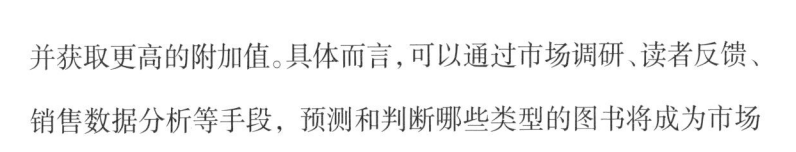

并获取更高的附加值。具体而言，可以通过市场调研、读者反馈、销售数据分析等手段，预测和判断哪些类型的图书将成为市场热点，从而进行有针对性的策划和出版。

（二）挖掘读者资源的内在价值

读者资源是出版产业最为宝贵的资产之一。每一位读者都是一个潜在的消费市场和信息来源。通过深入挖掘读者的阅读习惯、兴趣偏好、消费能力等信息，出版机构不仅可以更精准地定位目标市场，还能开发出更符合读者需求的图书产品。此外，读者资源的二度开发还能形成新的效益增长点。出版机构可通过读者俱乐部、线上社区等形式，建立稳定的读者群体，提供个性化的阅读服务和产品推荐，从而实现读者价值的最大化。

（三）营造利益共享空间

在出版产业链中，作者、编辑、印刷厂、发行商等各个环节都扮演着重要角色。为了提升图书的附加值，出版机构应积极与各方建立利益共享机制，形成紧密的合作关系。例如，可以与优秀作者签订长期合作协议，共同打造精品图书；与印刷厂协商降低成本，提高图书的性价比；与发行商合作开展联合营销活动，扩大图书的市场影响力等。这些措施不仅能够提升图书的整体品质和市场竞争力，还能实现产业链各方的共赢。

(四)抓住读者需求的延长线

随着科技的进步和读者阅读习惯的改变,图书的形式和内容也在不断创新和发展。为了满足读者日益多样化的需求,出版机构应紧跟时代潮流,抓住读者需求的延长线,开发出更具创意和实用性的图书产品。例如,可以结合多媒体技术推出互动式电子书、有声书等新型出版物;针对特定读者群体(如青少年、老年人等)定制专属的图书内容和服务;开展线上线下相结合的阅读活动等。出版机构通过这些举措不仅能够丰富图书的附加值,还能有效拓展出版市场并提升读者的阅读体验。

第三节　图书组稿的准备与落实

一、组稿的准备

（一）组稿概述

一个优秀的编辑，如果没有稿件，就无法将编辑工作开展下去。而稿件在作者手中，编辑怎样才能获得稿件呢？这就要做好编辑工作的重要环节——组稿。

1. 组稿的概念理解

组稿又称为约稿，是指出版单位根据选题计划主动物色、联系作者而获得稿件的一种活动，是编辑为使选题形成稿件而落实作者并进行一系列相关工作的综合性活动。组织稿件是落实选题的重要环节，大致包括两方面的内容：一是通过一定的方式物色好合适作者后进行约稿或征稿；二是为使稿件能够达到或超过选题设想的水平而与作者联系并开展一系列活动。

编辑必须主动去找作者，必须是从物色作者开始，直到收到作者的稿件，组稿任务才算完成。否则，编辑就无法进行下一步工作。可见，组稿在编辑工作中意义非常重大。

2. 组稿的意义体现

稿源是出版单位的血液和生命。组稿对保证稿源的质量起决定作用，是出版单位获得高质量稿件的最佳途径。因此，组稿工作不仅影响稿件的质量，还影响稿源的质量，影响出版单位的发展。组稿的意义表现在以下几点：

第一，组稿是编辑工作中不可缺少的一个重要环节。在编辑出版的流程中，组稿的位置处于制订选题计划之后、审稿之前，既是选题计划的执行者，又是审稿对象的组织者。组稿起到承前启后的作用。

第二，组稿是编辑的基本功。出版单位现在考核一个编辑，已经不只看案头功夫、专业水平、策划能力这些素质，还要看这个编辑的组稿能力。组稿成了衡量编辑人员能否胜任本职工作的一个最基本的条件。有很多单位在招聘时要求编辑有一定的组稿能力。而在西方国家，还设有专门的组稿编辑，由此可见组稿对于出版工作的重要性。

第三，组稿有利于编辑成长。长期以来，编辑的大部分工作是在编辑部内部完成的，缺乏对社会实际的接触和了解。现在出版单位都要求编辑走出去，深入现实生活，了解读者、作者、市场等方方面面，更快更好地提高业务水平。而组稿要求编辑不仅要深入理解选题，而且要有一定的沟通能力和活动能力，组稿活动对于编辑的培养是非常有效的途径。

3.稿件的主要来源

稿件的来源主要有以下几种：

（1）自投稿。作者主动向出版单位投寄的稿件，采用率不高。但编辑有时也能从自来稿中发现"金子"。

（2）约稿。编辑主动邀请、约请作者编写的稿件，采用率较高。书稿的交稿时间和质量也比较有保证。

（3）推荐稿。有关人员如学者、专家、作者、单位向出版单位推荐的稿件，采用率较高。

（4）任务稿。有关行政部门给出版单位交付的作为出版任务的稿件，或者是根据规定理应完成的书稿，如文件、政策法令汇编等。任务稿有的发行量大，但也有些较少。

（5）社会征稿。出版社向社会公众公开征集的稿件。一般会采取发征稿启事的形式。

（6）文稿经纪人投稿。图书策划工作室、文化公司等专门联系作者的单位的投稿，他们一般代理作者与出版单位洽谈出版事宜。

（7）引进稿。出版单位通过版权贸易获得的稿源。这类稿源的获得需要编辑掌握大量国内外的相关出版信息，按照出版方向和本单位选题的要求，认真选择。引进稿源可以弥补原创稿源的不足，还可以促进文化的交流。

（二）组稿的方式

常用的组稿方式有三种：个别组稿、社会征稿、集体约稿。

1. 个别组稿

这是编辑工作中最普遍、最主要的组稿方式，是指编辑通过各种有效途径向个别作者约稿的一种方式。它既有利于发挥作者的特长，又有利于满足编辑的选题需要，组来的稿件质量高、有特色。但它也存在不足，即每次组稿，一般只能获得一篇或一部稿件。所以，从表面上来看，个别组稿是某某编辑向某某作者约稿，显得比较简单，但实际操作起来有一定的难度，必须讲究方法，才能顺利地组到稿件。

除此之外，编辑还可以采用信函、电话、传真、电子邮件等各种手段组稿。对于初次交往的作者，还要找渠道了解作者，用亮点打动作者。

编辑组稿过程中，还可采取登门拜访的方式。此方式的显著优势在于能够直接与作者就稿件相关问题进行面对面洽谈，从而得以深入、具体地交流意见。当然，具体实施时应根据稿件的重要程度以及编辑与作者之间的交往密切度来灵活决定。需特别强调的是，登门拜访必须事先征得作者同意，并选择恰当的时机进行，切不可未经允许便贸然前往，以免造成不必要的尴尬局面。因此，进行登门拜访前需做好充分准备，确保征得同意并准确把握时机。

2. 社会征稿

这是指出版单位通过媒体或其他传播手段，向社会公开征集稿件的一种方式。常见的主要有征文、征稿活动。大家经常在报刊、网络上见到，比较熟悉。征文征稿的内容主要有：稿件体裁、读者对象、篇幅字数、撰写要求、交稿时间、评选办法等。图书有时也采用征稿的方式。

出版单位之所以采用这种组稿方式，主要有两个原因：一是可以从大量的稿件中组到优秀稿件，同时发现新作者；二是作为一种宣传手段，提高出版单位的知名度，这是一种软广告，效果并不比正式广告差。社会征稿也有不足：作者水平不一，稿件质量参差不齐；稿件过多，增加审稿难度等。

3. 集体约稿

这是一种比较特殊的组稿方式，一般是指由出版单位出面组织，约请一批有实力的作者，将其聚集在一起，把编写任务布置下去的一种组稿方式，如举办各种笔会、组织考察等。通过这种方法可以一次性组到一批稿件，稿件之间既有联系，又有分工，能够充分达到选题所需要的效果。因此，这种方式多用于出版社大型重点丛书、系列书、套书或者期刊重点栏目等的组稿。

但由于组织这样的集稿活动,需要一定的财力、人力、物力,因此,投入较大,成本较高。

（三）组稿的准备工作

编辑在组稿前必须做大量的准备工作,主要有以下几个方面：

1. 制订组稿方案

选题存在问题还可以修改,但组稿一旦实施,回旋的余地就不大了。所以组稿前,一定要制订具体的组稿方案,做到心中有数。方案一般包括交稿时间、出版时间、稿酬标准、出书时间、装帧规格等内容,特别是多人组稿、丛书和系列书组稿更应该制订组稿方案。

2. 收集作者资料

物色合适的作者是选题成功的关键。编辑应尽量对作者的作品作全面了解,重点掌握其代表作或成名作。不仅要了解作者的学识水平、专业修养、治学态度、语言文字功底,还要了解作者是否适合承担此项写作任务、对本选题涉及学科的研究水平以及对特定读者对象是否熟悉。一般可通过阅读作者论著和有关专家推荐选定。如果条件允许,还可以适当了解作者的其他信息,如爱好、习惯等,然后以一个读者身份去跟作者联系,相信绝大部分作者是愿意接受自己的读者的。等时机成熟后，再亮出编辑身份和组稿目的。

3. 研究选题亮点

在组稿之前，需进行周密的准备工作，核心在于深入理解选题的意图，这涵盖了稿件的性质、主要内容、目标读者群体、预期的出版形式及其主要特点等关键要素。随后，根据这些要求精心挑选并确定最合适的作者。实质上，组稿工作不仅是一种甄选过程，更是一种说服与引导的艺术。编辑需具备与作者进行有效沟通的能力，展现强大的说服力，通过突出选题的最大亮点来吸引并打动作者，例如选题预期可带来的经济效益或社会效益。同时，若作者本人也确信自己能够胜任该写作任务，那么接受约稿的可能性就极大。

4. 明确组稿要求

编辑人员为落实组稿对选定的作者提出一些具体的希望、建议，构成组稿要求。这些要求如果科学、合理、清楚、明确，有利于保证作品的质量。组稿要求大致可归纳为：明确作品性质和读者对象；明确作品的主要特点和规范要求，如文字作品的行文规范等；明确质量标准，如书稿的齐、清、定交稿要求；明确作品数量、规模，如书稿的字数、画稿的尺寸大小及数量等；明确创作进度要求和完成作品的时间等。

5. 撰写约稿信

明确上述要求后，可以通过约稿信的形式告知作者并且发出写稿的邀请。

6. 样稿的试写与审读

编辑在正式约稿前，一般要求作者撰写写作提纲、样稿，编辑审读写作提纲和样稿，提出意见让作者修改或重写。如有重大不足，此时还可更换作者。

写作提纲要明确具体，有章节安排、主要论点和资料来源，不能只是书稿的内容简介，而应是书稿的框架。试写（试译）稿则要能基本反映书稿的质量和面貌。审读样稿，是把握书稿质量的重要环节。只有通过审读样稿，才能全面评价该作者是否适合写作这部书稿。

通过样稿审读环节，编辑可对书稿总体质量进行把关，以避免出现全稿完成后难以修改的局面。

7. 明确交稿要求

书稿交稿要求一般是书写清晰、稿面整洁；语言文字、标点符号使用规范；数字、计量单位用法符合规定；引文、数据经过核对，注明出处和参考书目；体例一致，篇、章、节安排协调。

编辑可从不同类图书的实际情况出发，制订一个《交稿须知》，在书稿编写前提供给作者。众手合成的书稿，应由主编或专人负责统稿。交稿如是打印稿，字号不能小于五号，行距要宽松；如是电子文稿，要附有打印稿。打印稿的作用是供作者自己检查后作一个稿件无错的确认，因为电子文件在传送或拷贝时可能会出现错误，因此打印稿是必需的。

二、组稿的落实

组稿必须落实，否则可能导致最终成果不如人意，或者畅销书稿被其他组稿者挖走；或者是稿件质量不过关，导致后期工作量加大；或者作者延期交稿，延误出版时机。所以组稿重在落实。编辑应随时关注作者写稿的进度，督促作者及时写稿，帮助作者收集有关的资料信息，并反馈给作者，还要做好相应的服务工作。组稿的落实具体要做好下面几项工作：

（一）正式确定约稿关系

在前期工作都完成后，就要与作者签订约稿合同，正式确立约稿关系，让作者开始撰写稿件。约稿合同是指在著作权人尚未完成作品，甚至尚未开始正式写作的情况下，向著作权人预约稿件时所签订的协议。约稿合同签订时要遵守《中华人民共和国著作权法》的有关规定。约稿合同的一般要素有：稿件名称、稿件要求、稿费支付、交稿时间、约稿者的责任、著译者的责任、合同生效和失效的规定等。

（二）做好作者的参谋

编辑要及时帮助作者解决写作过程中遇到的问题。作者在写作过程中，有时需要了解本人没有掌握或不易获得的某种情况和资料，在这种情况下，编辑要尽力加以协助。编辑不要以为写作只是作者的工作，编辑付稿费就可以了。这种想法实际上是不正确的，因为稿件不能达到标准，受损失的还是编辑。编辑还要帮助作者完善写作计划，鼓励作者坚定创作信心，帮助其选择最佳创作方案。编辑要向作者介绍编写书稿的一些技术性问题。特别是新作者，应当向其介绍书稿出版过程的一般知识，如书稿的编写体例、文字的要求、插图的要求等。

（三）对样稿提纲及时提出建议

编辑审读作者的写作提纲和样稿后，要及时对写作提纲与样稿提出意见，以便作者正式开始撰稿工作。

编辑对写作的要求如果出现调整，要及时跟作者沟通，妥善处理，以免引起误会。选题一旦进入组稿环节，通常情况下不宜再对写作提纲做改动。但有时也会出现调整的情况，这时，编辑就要及时与作者沟通，说明情况，妥善处理。

（四）选择合适的主编

一般来说，对于大部头图书或丛书、套书、年鉴、文集、选集等，由于工作量很大，需要多位作者完成任务。此时，编辑应该选择合适人选担任主编,实行主编负责制,主持编写事务。主编应具有充足的专业知识和丰富的编撰经验。一般说来,主编应该拟订凡例、规定体例、撰写序言、安排人员、确定分工等。大型的丛书除主编之外还应配备若干名助手(副主编)。主编之下有的还设编委会。编委会的主编之下还有设分册主编和分编委会的。丛书主编的主要精力应放在研究确定丛书的选题、篇幅、作者或译者的选择以及稿件的最后审定等重要问题上,书稿中的具体问题则应由责任编辑处理。专著主编,可由编纂委员会指定专家担任。专著主编负责召集有关编务会议、主持拟定编辑计划、审定书稿等。

(五)与作者密切联系和交流

签订约稿合同后,编辑还要经常与作者交流,加强联系,增进感情,督促进度。有些作者容易拖稿,这时编辑就要催稿,能否高明地催稿也是编辑应该学习的技巧。一是对于一本好书能越过缺点看到优点,不管这些缺点如何使人沮丧;二是任凭困难再大,也能不屈不挠地去挖掘该书的潜力。

编辑组稿时还应经常了解作者存在的实际问题,并在可能范围内给予帮助,协助解决。如在必要时可以争取作者所在单位给予支持,保证作者的写作时间,也可以向作者提供必要的参考资料等。

第四节　图书审稿、发稿与校对

一、图书审稿标准

审稿是对稿件进行审读、评价，决定取舍，并对需要修改的稿件提出修改要求和建议的活动。审稿是编辑工作的决定性环节。写成的书稿只有经过审稿得以采用才能传播和发挥效益。审稿是对书稿进行科学分析判断的理性活动。

（一）审稿的标准和要求

1. 对稿件质量的要求

对稿件质量的要求主要是对其政治性、思想性、科学性和知识性的要求。同时还有一些其他要求，如对其稳定性、独创性、艺术性等方面的要求。

政治性要求：指对书稿中所反映的政治立场、政治观点和政治倾向的要求。稿件必须以习近平新时代中国特色社会主义思想为统领，牢牢把握社会主义先进文化的前进方向，弘扬以爱国主义为核心的民族精神和以改革创新为核心的时代精神，大力倡导社会主义核心价值体系，促进和谐文化建设，为构建以人为本的社会主义和谐社会服务。

思想性要求：指对稿件中所反映的思想内容和思想倾向的要求。稿件应坚持以科学的理论武装人，以正确的舆论引导人，以高尚的精神塑造人，以优秀的内容鼓舞人，从而为建设社会主义精神文明服务。

科学性要求：指对稿件中所反映的客观事物的真实性和准确性的要求。稿件应尊重历史，尊重事实，透过现象揭示事物的本质和规律；准确表述各门学科的基本概念、基本原理和规律；正确使用和解释科学术语；认真分析和选择材料，引证真实准确的材料（包括图表和数据），等等。除对学术著作外，对文艺创作也应有科学性的要求。艺术的真实性原则也就是科学性原则之一。反映现实生活的优秀文学作品是不会违背这一原则的。

知识性要求：指对稿件中所包含的知识信息的容量与价值的要求。知识性是衡量各类读物质量的基本要求之一。

其他要求：独创性表现为稿件在学术观点、资料发掘、题材开拓、艺术风格或表现形式等方面有超越前人之处，提供了前所未有的新东西。稳定性指稿件所包含的知识信息要长时间有效。艺术性指稿件对读者产生审美感染力的程度。

除了上述的共同要求之外，审读不同类型的书稿还会有特殊的标准和要求。例如美术作品要讲究形式感，教材要由浅入深、循序渐进，工具书特别要求词条选择得当、语言精练等。

2. 对审稿者的要求

首先，要坚持稿件取舍标准；其次，对稿件的评价要客观、科学；最后，审稿的操作要规范。

审稿时要注意发现和积极支持学术上有创见、艺术上有创新、勇于探索、具有独创精神的著作和作品，贯彻"百花齐放、百家争鸣"的方针，鼓励不同论点的学术著作和不同流派、不同风格的文艺创作。编辑人员要具有胆识和慧眼，积极扶持新人和有创见的著作出版，使人才脱颖而出，使有价值的著作不断出现。有些书稿有一定价值，但不宜公开发行，可采取内部发行的方式，供有关读者阅读参考。

(二) 审稿的过程和方法

1. 审稿过程

审稿过程大致可以分为初审和评价性审读两个阶段。

(1) 初审。初审是粗略的阅读，目的在于摸清文稿的大致内容，对文稿的总体水平是否达到出版社的出版要求作出初步的判断，并为下一步审稿摸索方向。初审时可宽松随意些，在认为要推敲处做好笔记或标识。

（2）评价性审读。评价性审读是对文稿的重要内容或有疑问之处反复研读，读懂读通，然后按照社会要求、办社方针、出版环境、出版积累、出版标准，对文稿进行深入全面的评价，以确定该文稿是否可用，如拟用是否要修改和如何修改。

2. 审稿方法

（1）比较。有比较才有鉴别，比较是编辑审稿所使用的主要方法之一。在审读稿件时，编辑应将稿中的观点、材料与已有的出版物进行对比，同时与自己过去的积累进行比照，以审视其中是否存在差异，并评判这些差异的对错、优劣及新旧。通过比较来揭示矛盾，是发现文稿中错误的一个重要途径。

（2）分析。分析是将事物分成一个个部分，具体到审稿则是要求编辑按照一定的关系将文稿分成一个个局部，然后把握局部与局部之间的关系、局部与全局之间的关系。审稿时要对以下五个方面进行分析：一看主题。主题是否正确、恰当、明确、新颖。二看材料。材料是否可靠、充分，能否充分支持文稿的主张，材料之间是否存在矛盾。三看结构。结构是否层次分明，是否主次详略得当，是否条理清晰，开头与结尾怎样，全文是否有内在的有机联系。四看手法与语言。手法是否得体、新鲜，语言是否准确、流畅、生动。五看体例、格式。体例、格式是否统一。

（3）综合。综合是指编辑审稿时要综合多方面的情况与要求，来概括文稿的优缺点，作出基本评价，决定取舍。综合审稿最能反映编辑的工作特点、专业素质与业务水平。找出一部文稿在文字、标点符号上的差错相对容易，而归纳一部文稿思想、理论学术、内文结构、写作方法的差错则比较困难。判断文稿的总体质量，编辑不可能像法官断案那样有明确、详细的法律条文依据，往往是在仁者见仁、智者见智中显出见识的高低。对一部文稿，有时编辑们的意见会一致，有时则不容易一致。其间的水平高低主要是看编辑的综合思考与全局把握的能力。

综合审稿时，编辑必须对书稿的政治、科学、艺术、逻辑、文字、篇章结构、技术规范等方面进行综合思考，同时还要考虑外部的社会环境，如时代潮流、政治氛围、读者需要、社会效益等。

审读书稿之后，编辑对书稿作出的全面评价一般体现为审稿意见。审稿意见可详可略，但必须说明全貌和要点，对书稿出版价值的评定要注意分寸，认真写好。审读的结果有三种：接受出版；退稿；必须进行一定的修改，达到出版社的要求后再出版。退稿一定要有足够有力的理由，尽可能避免采用统一的格式信，而应该做单独的交流和联系，将情况解释清楚。

二、图书发稿环节

在图书出版流程中,发稿环节扮演着举足轻重的角色,它是将精心编辑和设计的书稿转化为可供印刷的符号的关键步骤。此环节不仅是对前期编辑工作的总结,更是对后续印刷质量的保障。因此,必须高度重视发稿工作,确保其不流于形式,而是作为整个出版过程中不可或缺的一环。

(一)发稿的要求

发稿的要求可以概括为"齐、清、定"三个字。这三个字看似简单,却蕴含了发稿工作的核心原则和要求。

"齐"指的是书稿的完整性。在发稿前,必须确保所有的内容都已齐全,无缺页、漏页或遗漏的内容。这包括正文、前言、后记、目录、图表、插图等所有构成书稿的元素。只有确保书稿的完整性,才能为后续的印刷工作提供坚实的基础。

"清"则强调书稿的清晰性和准确性。书稿中的文字、图表等必须清晰可见,无模糊、污损或错误之处。同时,书稿的格式、排版等也应符合出版规范,确保印刷后的书籍美观且易于阅读。为了达到这一要求,编辑人员需要对书稿进行细致的校对和修改,确保其质量达到出版标准。

"定"是指书稿的确定性和稳定性。在发稿前,书稿的内容、结构等必须已经确定下来,不再进行大规模的修改或调整。

这意味着在发稿之前,编辑人员需要与作者充分沟通,确保书稿已经达到双方满意的状态。同时,"定"也要求书稿在后续的印刷过程中保持稳定,避免因修改而导致的延误或质量问题。

(二)发稿前的复查

在书稿经过初步加工整理后,责任编辑需要按照"齐、清、定"的要求对书稿进行细致的复查工作。这一步骤至关重要,因为它能够及时发现并纠正书稿中可能存在的问题,确保发稿的质量。

复查工作主要分为两个方面:首先是对书稿的整体检查,确认所有内容是否齐全、格式是否统一、排版是否合理等;其次是对细节的把控,包括文字的准确性、图表的清晰度以及插图的适当性等。在复查过程中,责任编辑需要保持高度的专注和严谨的态度,避免遗漏问题。

复查完成后,书稿将送交作者进行最后的核阅。此时,责任编辑需要向作者详细说明加工整理的情况及原因,以便作者能够更好地理解并接受所作的修改。作者复核后,责任编辑还需对退回的书稿进行再次检查,主要关注作者是否有新的改动以及这些改动是否适当。

为了确保复查的全面性和有效性,可以采用以下两种方法进行复查。

普查：这是一种全面性的检查方法，旨在对书稿的每一个部分进行逐一审查。普查过程中，责任编辑需要逐页翻阅书稿，对照原稿和编辑加工记录进行比对，确保所有的修改都已正确实施且没有遗漏。同时，普查还有助于发现之前可能忽视的问题，如格式错误、排版不一致等。

单项检查：相对于普查的全面性，单项检查更加注重对特定方面的深入审查。例如，可以对书稿中的图表、插图或特定章节进行专项检查，以确保这些部分的质量和准确性。单项检查能够帮助责任编辑更加精准地定位并解决问题，提高书稿的整体质量。

（三）加工报告和发稿单

发稿时，必须由责任编辑撰写加工报告、填写发稿单，连同书稿档案送编辑室主任、总编辑审批。领导对书稿进行必要的检查，看是否达到发稿要求，如发现有什么疏漏，应具体指导，帮助编辑把工作做好。

加工报告应简要地说明加工的经过（如果不止一人参加，说明各人的分工），包括重大问题的处理是否同著译者或有关部门商量过并得到认可，书稿加工后是否退著译者看过，有无遗留问题，加工后的书稿质量如何，是否达到"齐、清、定"的要求。如有需要请示领导的问题，可在报告中提出。

发稿时，全面填写出版事项和书稿印制要求。发稿单的项目如书名、作者（编、著、译者）、开本、字体字号等，要逐项填写清楚，注意与书稿内容及整体设计要求一致，有特殊要求的要具体标明，分别由责任编辑和复审、终审者签字。

三、图书的校对

稿件发出后，编辑工作并没有结束。校对是出版物付印前保证出版物内容质量的最后一道工作程序，对稿件排出的校样，编辑应该审读并作适当处理。校对工作是图书出版生产流程中的独立工序，其作用是将文字差错和其他差错消灭在图书出版之前，从而保证图书的传播和积累价值。编辑工作和校对工作相互衔接又相互独立，两者共同构筑图书质量保障体系。

（一）校对人员的校对工作

"校对"一词，其历史可追溯至古代的"校雠"或"雠校"，意指细致的比对和审查。在现代出版流程中，校对工作的核心在于以发排的原稿为基准，对印刷厂或激光照排室排版后输出的少量印张（通常称为校样）进行详尽的核对，以发现并纠正其中的错误。这一环节对于保证出版物的质量至关重要，被视为编辑工作的延续，同时也是出版过程中不可或缺的一环。

从事这一专业任务的人员，我们称之为校对人员，他们在整个出版流程中扮演着举足轻重的角色。

1. 校对工作的功能

校对的基本功能主要体现在两个方面：校异同与校是非。

校异同：此功能主要在于比对原稿与校样，确保二者在文字、符号、图表等方面完全一致，无任何出入。这一步骤对于消除排版过程中可能出现的误差具有重要意义。

校是非：除了简单的比对之外，校对人员还需运用自身的专业知识和敏锐的观察力，发现并纠正原稿中可能存在的逻辑错误、事实错误或语法错误等。这一功能要求校对人员不仅要有扎实的语言功底，还需具备一定的专业知识和批判性思维。

2. 校对的基本方法

现代图书校对工作中，常用的方法主要有以下四种：对校法、本校法、他校法、理校法。这些方法虽源自古籍校雠，但同样适用于现代图书的校对流程。

（1）对校法：此方法主要是对照原稿逐字校对校样，以确保二者完全一致。它是最基础也是最必要的校对方法，能够有效消除排版过程中产生的误差。

（2）本校法：通过本书前后、左右内容的相互比照来发现问题并订正讹误。这要求校对人员具备丰富的经验和较强的辨错能力，以便在无原稿的情况下，依然能够准确地找出并纠正错误。

（3）他校法：利用其他可靠的文献或工具书来校对原稿中的疑点或难点。这种方法特别适用于古籍、科技类及著作类图书的校对，能够有效提高校对的准确性和权威性。

（4）理校法：校对者通过自身的知识和分析推理能力，对原稿中的是非问题进行判断并予以纠正。此方法要求校对者具备深厚的专业知识和敏锐的逻辑思维能力。

上述四种基本校对方法在实践中应综合运用，以求达到最佳的校对效果。每种方法都有其独特的优势和应用场景，只有将它们相互结合、相辅相成，才能最大限度地减少出版物中的差错。

（5）人机结合校对：随着科技的发展，人机结合校对已成为现代校对工作的新趋势。利用专业的校对软件和人工智能技术辅助人工校对可以大大提高校对的效率和准确性。然而，机器校对虽能快速识别并纠正一些明显的错误但仍无法完全替代人工校对的专业判断和经验积累，因此，在现代校对工作中人机结合的方式将是未来发展的主流趋势。

3.各校次的职责

校对过程通常分为多个校次，每个校次都有其特定的职责和关注点。

（1）一校的职责。一校是整个校对流程的初步阶段，其主要职责是对照原稿，全面检查校样中的文字差错。这包括检查是否有错别字、漏字、多字以及标点符号的错误使用。此外，一校还需关注版面的规范性，确保段落划分、字体字号等排版元素与原稿一致。这一阶段的目标是尽可能多地发现并纠正基础性的错误。

（2）二校的职责。二校在一校的基础上进行，其职责是进一步核查校样，重点关注语句的通顺性和逻辑性。二校人员需要仔细审查文中的语法错误、搭配不当等问题，并对一校中可能遗漏的错误进行补充校对。此外，二校还需对图表、公式等非文字元素进行检查，确保其准确性和完整性。

（3）三校的职责。三校是整个校对流程中的关键环节，其职责是对前两个校次的工作进行复核，并重点关注文中的专业知识、术语的准确性以及篇章结构的合理性。三校人员需要具备较高的专业素养，能够发现并纠正专业性错误，确保图书的学术质量。

（4）通读。通读是在所有校次完成之后进行的一次全面审查。其职责是检查全书的内容是否连贯、完整，以及是否存在前后矛盾或遗漏的问题。通读人员需要以读者的视角来审视全书，确保阅读体验的流畅性和逻辑性。此外，通读人员还需关注图书的整体设计风格与内容的契合度，提出改进建议。

（5）责任校对。责任校对是整个校对流程的最终把关者。其职责是对前面的所有校次进行最后的复核，确保所有错误都已被纠正。责任校对需要具备丰富的校对经验和深厚的专业素养，能够发现并解决潜在的问题。同时，责任校对还需与编辑、作者等各方进行有效沟通，确保图书的质量达到出版要求。

（二）编辑人员的校对工作

1. 审读校样

编辑审读校样，一般采取通读方式，主要是检查和解决原稿排版后出现的问题，同时还要处理编辑加工整理阶段遗留或疏忽的问题。

在原稿编辑加工过程中不易觉察的问题，往往会在校样上显现出来。在处理校样时，编辑和校对既有分工，又有合作，对校样的审读与对校样的校对不能互相代替。编辑还需解决校对人员提出的疑问，消除校对人员未校出的差错，同时还要审核校对人员的改动是否必要。校对人员从不同角度对校样提出的疑问，编辑应该认真回应，在校样上一一作出适当处理：如果认为校对提出的意见是可以接受的，应以编辑使用的色笔（与各校次校对人员的色笔相区别）将校对人员以铅笔书写的修改文字再描一遍，或者另外书写更恰当的修改文字；如果认为校对的修改意见不能接受，则要用铅笔把质疑文字划去，表示对该质疑已经作了处理,但不宜用墨水笔、圆珠笔,以免版面杂乱。

一般来说,对作品的出版质量最关心的还是作者本人,作者的专业知识和对作品内容的熟悉程度一般来说要超过编辑。作者审阅校样能敏锐地察觉专业词语和内容被改错的地方。因此,要尽可能把校样送作者审阅一次。编辑对于作者在校样上的一般性修改应在仔细分析后区别对待:凡是必须的、合理的,要予以接受;凡是可改可不改甚至改糟了的,可不予采纳。作者在校样上如果有重大修改,编辑要认真仔细地审读和加工,必须经复审者和终审者审核后才能决定取舍,同时向作者作必要的说明。

责任编辑还有一项通读的工作:集中精神通读内容、关注体例,通读完后,一般要写上"三校毕,请改正后出清样",并签署姓名和日期。三校结束之后回来的清样核对工作由责任校对完成,一般情况下不再改动内容,只是核对排版单位是否将上一次红笔标出的地方全部改正了。在这一工作中,有时责任校对还会发现疑问,需要责任编辑排疑。也有的出版社让责任编辑直接核对清样。

2. 签发付印

编辑必须检查全书的付印清样。这需要做两个方面的工作:第一,从排版质量角度检查付印清样,查看格式是否统一,该更改的地方是否都已经改正，版心的位置是否平齐，图、表是否有污点或断线，等等。第二，从全书的结构组成角度去检查付印清样，查看封面（包括面封、书脊、底封、勒口等）、书名页、插页等结构部件以及出版说明、前言、后记、目录、各种附录等辅文的内容是否齐全，与正文相关的部分是否一致。

付印清样经过检查后，如果还需要作涉及捅版等大改动，编辑应该在清样上批注"改正后复对付印"，表示改样后须呈现出一份清样并交编辑和校对人员进行复核；如果只有少量不涉及捅版但可能会捅行的小改动，编辑可以批注"改正后抽复付印"，表示改样后须将有改动的页面再打出清样由校对人员核红，当然也可要求"改正后付印"，表示改样后可以直接出胶片，对改样情况的复核在对片时进行；如果完全合格而没有改动，就可以批"同意付印"，表示不再作任何改动就可以出胶片。

有些出版单位还要求编辑检查付印清样后填写付印单，明确说明全书各个组成部分的印订次序。

3. 样书检查

样书检查是责任编辑在图书出版前纠正工作疏漏和错误的最后机会。图书过了样书检查这一关，就会马上进入商品流通市场，分散到全国各地，如果存在差错，就会造成极大的负面影响。因此，为了保证出版物的质量，承印单位一般会在印刷后先装订一小部分样书送到出版社供质量检查，责任编辑必须要把好样书检查这关。

样书检查的内容主要包括以下几项：

（1）检查封面、书脊、出版说明、前言后记等处的书名、著译者姓名、出版单位名称是否一致，是否有差错。一本书的书名是图书非常重要的部分，书名中的文字和标点不能有任何差错。作者和出版者的名称也不能弄错，否则会引起相关的权利纠纷。

（2）检查版权页。检查版权页上的书号、图书在版编目数据、书名汉语拼音、字数、定价以及版本记录所应记载的各个项目是否存在错误或遗漏。这几项内容必须正确，和封面等处相同内容的文字也要保持一致。

（3）检查内容体例。例如，目录与正文的篇章标题及相应页码是否一致，书眉和正文的内容是否一致；付印样上所作的改动是否已经照改，是否又发生新的错误；文字是否残缺，图片有无颠倒，图片与说明文字是否相符等。

（4）检查装订质量。例如，全书页码是否连贯，书页有无漏装或错装；精装书的书脊制作、环衬制作、函套制作质量是否过关等。

有些项目本来在校对阶段就应该注意检查，编辑审读校样时可能未看到封皮、插页、版本记录等，校出的差错印刷厂也可能未全部改正。特别是电脑排版改版，由于技术性原因，可能在意料不到的地方出现原来没有的差错，因此检查样书时有必要注意检查一些重要的或容易出错的项目。

第二章　图书制作与出版营销探究

本章系统介绍图书制作的全过程，涵盖材料选择、制作流程和周期控制等要素。同时，针对当前图书市场的营销困境，探讨有效的应对策略，以期在激烈的市场竞争中寻求图书出版的新机遇。

第一节　图书制作流程与材料分析

一、图书制作流程

一本图书的出版过程其实是很复杂的。整个过程可分为出版社工作流程、排版流程、印刷流程和装订流程。

（一）出版社工作流程

在图书出版的复杂生态系统中，出版社作为核心机构，其工作流程是一个高度系统化、精细分工且环环相扣的过程。这一过程始于市场需求的深入调研，通过对读者群体、市场趋势、文化热点等多维度的细致分析，发掘具有潜在市场价值的选题线索。这一步骤是出版活动的基石，它不仅要求对市场动态的敏锐洞察，还依赖于专业的数据分析和行业经验的积累。

选题策划是出版社工作流程中的关键环节，它基于对市场调研结果的综合评估，通过创意构思、内容规划、市场定位等策略性思考，将选题线索转化为具体、可行的出版计划。这一过程中，编辑团队的专业知识、创新思维以及对读者需求的深刻理解起着决定性作用。

确定选题后,寻找合适的作者是至关重要的一步。作者的选择不仅关乎作品的质量,也直接影响到图书的市场吸引力和品牌影响力。出版社需广泛搜集信息,评估作者的创作能力、过往作品的市场表现及与选题方向的契合度,以确保书稿的内容质量和市场潜力。

书稿的接收标志着出版流程进入实质性的制作阶段。出版社将组织编辑团队进行严格的审稿流程,包括初审、复审和终审(即一审、二审、三审),以确保书稿内容的正确性、逻辑性、创新性及符合出版规范。这一阶段的审稿工作,不仅是对文字质量的把控,也是对知识产权、政治导向、文化价值等多方面的全面审查。

审稿通过后,书稿根据书籍设计要求和版式规范进行格式化处理,生成初步的校样。随后,专业的校对团队将对校样进行一校、二校、三校,纠正文字错误、标点符号使用不当等问题。校对工作是保证图书质量不可或缺的一环,它要求校对人员具备高度的责任心、敏锐的语言感知能力和丰富的校对经验。

完成校对后,责任编辑将对全书进行最后的通读,确认无误后,进入付型、出片、对片的印前准备阶段。这一阶段涉及技术性的图文处理、版面调整、色彩校正等,以确保印刷效果符合预期。最终，所有准备工作就绪，等待印刷生产，标志着图书出版流程的阶段性胜利。

（二）排版流程

排版厂根据出版社提供的施工单的要求排版。有电子文档的直接进行排版；手写书稿的，先录入后排版。排版完成后打印校样，校对人员进行毛校，改样后再出样为一校样。一般来说，排版厂要出三份一校样交出版社。

对于一些复杂的书稿，排版厂的排版流程还要增加一些。要制作图表的，应先由专人制作图表，图表文件加入书稿文件后才能进行排版；要造字的，由专人造字，在打样前把造字文档交排版人员，把所造字加入排版文档，然后打样。

接下来等出版社退改。一校样退改，排版厂改完后打二校样，二校样退改至出版社完成后打三校样，三校样退改完成后打付型样，付型样退改完成后排版厂出片。对片结束，排版厂将片子交出版社，排版流程结束。

如果书稿质量高，排版差错少，出版社退改就少，排版厂改版也少，流程图中的改版次数就没那么多。对片环节有些排版厂没有，有些责任心强的排版厂把这个环节作为一项服务，收取额外费用。

（三）印刷流程

印刷厂拿到菲林片以后，根据施工单施工。先进行拼版，把小片拼成大片，32开的书按对开印刷，每张大片拼16个小片；如果是16开的书，每张大片拼8个小片。拼版结束后就可以晒版了，如果得到的是大片，即已经拼好版的片子，就可以直接晒版。晒版是利用照相原理把菲林片的影像晒到PS（pre-sensitized plate）版上。PS版，即预涂感光版，是在铝板上面预先涂好感光性树脂层的平版印刷版。

然后，装版，印刷，下版，再装版，再印，直到所有片子都印完，经大张检查后，交付装订。

（四）装订流程

装订的第一步是上折页机折页，也有手工折的。接着是串线，由于现在的胶水质量很高，印张少的书一般不用串线。有些出版社规定32开的书12印张以下、16开的书20印张以下不串线。下一步是配帖，我们把一个印张折页串线后称为一帖。把所有不同的帖按照顺序叠在一起，称为配帖。配帖后就有了一本书的雏形。下一步是压平，在书脊上胶水，做书脊。然后是包封面，压钢线。最后，上三面刀切割，书就做成了。这个过程的每个环节可以是手工做，也可以由机器做，根据印刷厂的设备而定。现在全手工的不多了，但全部用机器做的厂也不多。

装订的流程其实是很复杂的。以上所述，是一个最简单的流程。出版社往往有很多特殊要求，为了做出与众不同的图书，装订流程只能随之而变。例如，增加插页，增加环衬，封面增加 UV、贴膜、烫金、镂空、勒口等，流程和工艺都要增加。

精装书装订流程的增加主要在封面的制作上。先用纸板做一个硬壳，再包上铜版纸印的封面和衬页，晾干。书芯的书脊要特别制作，要求圆脊的要扒圆，平脊要胶衬纸、衬布。书芯要先上三面刀切好，最后包上硬壳。工艺相当复杂。以前都是手工做的，师傅的手艺决定了精装书的质量，现在有些印刷厂有做精装书的机器，书的质量大大提高。

我们注意到，印刷流程和装订流程大部分是线性的，因此，图书制作周期在印装环节很难缩短，制作周期随图书的印张和印数呈线性增加。特别是精装书，出版社要留足够的时间给印装厂，才能保证按时出书。另外，要寻找设备多而齐全的印装厂合作，才能确保准时出书。

二、图书制作材料

（一）纸及纸的生产

纸是中国古代四大发明之一，为历史上的文化传播立下卓著功勋，它与指南针、火药和印刷术一起，为我国古代文化的繁荣提供了物质技术的支持。

如今造纸过程主要分为两部分，即制浆和生产。制浆的主要原料是植物纤维和非植物纤维（无机纤维、化学纤维和金属纤维）。一些发达国家采用针叶树和阔叶树木材，而我国所用的植物纤维原料品种较多，分为六大类：一是针叶树木材，如落叶松、红松、马尾松、云南松、樟子松等。二是阔叶树木材，如杨木、桦木、桉木等。三是草类植物，如芦苇、竹子、盲杆、麦草、稻草、龙须草、高粱秆、蔗渣等。四是韧皮纤维，如亚麻、黄麻、洋麻、檀树皮、桑皮、棉秆皮等。五是种毛纤维，如棉花、棉短绒、棉破布等。六是废纸纤维。生产出来的纸浆不能直接用于造纸，还须经过磨浆机磨浆。磨浆可以使纤维分化出很细小的绒毛，增加纤维的凝合力，从而使纸张更加牢固。同时，根据生产要求人们经常在纸浆里加入一些填料，如碳酸钙粉末、钛粉末，使纸张更白。纸浆磨好以后会被送到流浆箱，经过滤水进入压榨环节。人们通过压榨将湿纸页中的水挤压出来，再进行干燥烘干，在纸的表面进行施胶，再进行干燥、压光、卷曲、去边、分切，纸就被生产出来了。

不同的纸由不同的纸机生产。纸机生产的纸是大幅面、圈筒的，下线后再切割成指定规格的生产用纸。例如，1760长网机的幅面是1760mm，切成两幅是880mm，大于880mm的纸不能切了，浪费很多。小于880mm的纸，如787mm、850mm等也有浪费。

（二）纸张的种类

1. 印刷用纸的类型

在印刷用纸中，纸张一般分为单张纸和卷筒纸两种。卷筒纸在轮转印刷机上使用，一般印刷机大都采用单张纸。

2. 纸张的尺寸

国际标准纸张的幅面为 890mm×1240mm，我国标准纸张幅面为 787mm×1092mm（俗称正度纸）、850mm×1168mm（俗称大度纸）。纸张幅面允许的偏差为 ±3mm。其他幅面尺寸的纸张称为特殊规格纸张（特规纸）。如常用的 787mm×960mm 纸就是特规纸。尽管我国推行国际标准，但由于我国的造纸设备和印刷设备等更新需要时间，所以，我国自定义的纸张标准还在执行。

3. 纸张的重量

纸张的重量用定量和令重来表示。

定量是单位面积纸张的重量，单位为 g/m^2，即每平方米的克重。常用的纸张定量有 $52g/m^2$、$55g/m^2$、$60g/m^2$、$70g/m^2$、$80g/m^2$、$105g/m^2$、$128g/m^2$、$157g/m^2$、$200g/m^2$、$250g/m^2$ 等。定量越大，纸张越厚。定量在 $250g/m^2$ 及以下的称纸张，超过 $250g/m^2$ 则称纸板。

令重是每令纸张的总重量，单位是 kg。1 令纸为 500 张，每张的大小为标准规定的尺寸，即全张纸或全开纸。

令重（kg）= 纸张的幅面（m^2）× 500 × 定量（g/m^2）/1000。

如，$60g/m^2$ 787mm × 1092mm 的国标纸，令重为：

0.787 × 1.092 × 500 × 60/1000=25.78212kg。

如果每吨纸 6000 元，则每令纸的价格为：

25.78212/1000 × 6000 ≈ 154.69 元。

4.纸张的常见种类

纸张的种类有上千种，但我们经常接触的只有百余种，涉及印刷出版的只有十几种。常用纸张的种类主要有新闻纸、书写纸、胶版纸、铜版纸、牛皮纸、黄纸板、白纸板、瓦楞纸、复制用纸、卫生用纸、生活用纸和装饰用纸等。

新闻纸松软多空，有一定的强度，吸收性好，不透明，但白度较低，表面平滑度不同，日照后容易变黄发脆，不宜长期保存。主要用于高速轮转机上印刷报纸、期刊和一般书籍。主要定量为 $51g/m^2$。

书写纸比新闻纸平滑度稍高，保存时间较长。主要定量为 $45g/m^2$ ~ $60g/m^2$。

胶版纸也称道林纸，是比较高级的书刊印刷用纸，主要定量为 $60g/m^2$ ~ $80g/m^2$。

铜版纸也称涂料纸，是一种高级的印刷用纸，细腻洁白，平滑度和光泽度高，吸油性好。主要定量为 $80g/m^2$ ~ $250g/m^2$。

牛皮纸是坚韧耐水的包装用纸，呈棕黄色，柔韧结实，耐破度高。常用于制作纸袋、信封、卷宗等。主要定量为 $40g/m^2$ ~ $120g/m^2$。

黄纸板、白纸板是包装用纸，具有坚固、美观、有利于长期保存的优点。常用于制作精装书壳和封套。主要定量为 $250g/m^2$ ~ $860g/m^2$。

瓦楞纸也叫钙塑纸，能耐水浸、不吸湿、不易燃烧，具有较高的耐破度和抗撕裂度，能印出清晰的文字和图案。一般用于制作包装箱。主要定量为 $200g/m^2$ ~ $400g/m^2$。

纸张按造纸方法又可分为：①施胶纸和非施胶纸，施胶的纸称为胶版纸，单面施胶的为单面胶版纸，双面施胶的为双面胶版纸，不施胶的为一般纸。②涂料纸和非涂料纸，在原纸上进行涂布、增白、压光等制成的一种纸叫涂料纸，也称铜版纸。③色纸和白纸，色纸用有机或无机染料可加工出各色纸张，即染色纸。白纸又分增白剂纸和无增白剂纸，无增白剂纸也称本色纸。④卷筒纸和单张纸。

其他纸张很少用于出版业，这里不作介绍。

（三）印制用的纸张

纸张生产商专供出版业的纸张，有特定的定量方法和计量术语。

1. 印张、纸令和色令

1张对开纸（全张纸幅面的一半），两面印刷后称为1个印张。以32开本为例，每张全张纸有32个32开版面，印刷时，1张对开纸有16个32开版面，正面印1次，反面印1次，总共印了32个32开版面，这32个32开版面的印刷面称为1个印张。

这种印张计算方法最早源于对开印刷机，当然，现在也有全张印刷机。习惯上，我们一直沿用对开两面印1次为1个印张的印张计算方法。

一本书的印张数必须印在书的版权页上。版权页的印张计算是这样的：从书稿的内封算起到书稿的最后一页，所有页码加起来，包括内封、序、前言、目录、正文、附录、后记和版权页等，得到的面数除以开本数，就是这本书的印张。印张可以有小数。出版社给印刷厂计算一本书的用纸量时，印张数进位取整。多余的白页，印刷厂有权处理，或留在书上，或裁下作废纸。编辑在计算印张时，发现有白页可以利用起来，考虑增加宣传页，这不增加任何成本。（版权页上本书字数 = 每面排版的行数 × 每行的字数 × 印张数 × 开本数。计量单位是千字。)

纸令是纸张的又一个计量单位。为了包装和运输的方便，印刷用纸以 500 张全张纸为 1 包，称为 1 令。由于 1 张全张纸折合为 2 印张，所以，1 令纸就合 1000 印张。

在印刷厂，印刷量经常用色令来表示。我们把 1 令纸（全张纸 500 张）印刷 1 次称为 1 色令。习惯上，以对开为计量单位，也就是说，1 色令就等于印 1000 张对开纸，故色令又称为"对开色令"或"对开千印"。

2. 规格

目前，出版业常规用纸有三种规格，即正度纸张 787mm×1092mm，大度纸张 850mm×1168mm 和国际标准纸张 890mm×1240mm。

另外，一些特规纸也经常使用，如 787mm×960mm、710mm×1000mm、700mm×960mm、880mm×1230mm、889mm×1194mm 等。特规纸的产生是出版社为了追求产品的差异化，推出的不同于同类图书的特别开本，是一种市场竞争策略。由于这种特别开本如果选用常用规格纸会造成很多纸张的浪费，于是，出版社通过计算提出了特规纸的要求，以降低成本，纸张生产商就生产出了不同规格的纸张。如，16 开，787mm×1092mm 的纸，正常开本的净尺寸为 185mm×260mm

或188mm×260mm，现在净尺寸改为185mm×230mm，书短了30mm。经计算用纸改成787mm×960mm，纸边最少，浪费最少。纸的成本能减少12.1%。这样787mm×960mm规格的纸产生了。710mm×1000mm、700mm×960mm等规格纸张的产生也大致如此。

3. 克重

纸张的定量俗称"克重"，以每平方米纸张的重量来表示，它是进行纸张计量的基本依据。纸张的定量，最低为$25g/m^2$，最高为$250g/m^2$。一般来说，超过$250g/m^2$的纸，称为纸板。

（四）图书的开本

开本是指一本书幅面的大小。它以全张纸裁开的张数作标准来标明图书的幅面大小。由于全张纸的规格有所不同，所以切成的纸大小也不同。

开数和开本的概念有所不同。我们把全张纸裁切成面积相等的若干小张称为多少开数，将它们装订成册，则称为多少开本。对一本书的正文而言，开数和开本的含义是相同的。但以其封面和插页用纸的开数来说，因其面积不同，其含义不同。

一般来说，12开以上的开本称为大型本，适用于图表较多、篇幅较大的图书或期刊。16～32开的开本称为中型本，各类图书均可使用，属一般开本。32开以下的开本称为小型本，适用于手册、工具书、读物和短篇文献等。16开以下的开本阅读比较方便，为常见开本。往往篇幅多的图书开本较大。

（五）纸张的开切

造纸厂生产的纸张在印刷厂上机印刷之前先要切去毛边，再对切，因为一般印刷机是对开机。印刷结束后，一般上折页机折页，然后串线、配帖、上胶、压平、包面，最后用三面刀切除纸边，就做成了一本书。就一张纸而言，整个过程被切了三次。每次切割都是规范的。

第一次切割去毛边，或叫光边。光边其实是切了四刀，四面都要光。一般来说，每边切掉3mm。光边后的纸还叫全张纸，但比出厂纸小了，长宽各小了6mm。

第二次切割是把纸对开。切成了能上机印刷的对开纸。

第三次切割是切除纸边。此时已经装订成书，用三面刀把书切成出版社指定净尺寸大小的开本。这一刀，每边要切掉3mm，在拼版时，已经预留了。这就是为什么要求编辑在发稿单上填写用纸规格后，还要填写净尺寸的道理。当然，净尺寸的用途还在排版时体现，根据净尺寸和开本来确定版芯的大小和位置。

由此可见，纸张开切后的尺寸是做书的参考尺寸，根据净尺寸的要求来选择纸的大小。

第二节　图书出版周期及其控制

一、图书出版的四个周期

在现代社会中,出版企业为了参与市场竞争,不仅选题要好,而且出书要快。图书出版周期控制成为市场竞争的手段之一。如何有效控制出版周期成为人们关注的出版要素。

出版周期是指从选题的组织、写作、编辑、校对、图书制作、物流,到上市与读者见面所用的时间的总和。这是广义的定义。作者认定的出版周期是指从交稿到出书所用的时间。这不矛盾,只是对出版的理解不同。出版社的编辑可能更关心广义的出版周期,甚至图书的生命周期。以上两种出版周期定义重合的时间段,即编辑周期、校对周期、制作周期和物流周期,是我们要重点关注的。

（一）编辑周期

编辑周期一般认为是从交稿到发稿的时间。这段时间编辑要做的工作有:来稿登记,核查来稿是否达到组稿要求和书稿的完整性，责任编辑初审，问题较多时退改，签订出版合同，编辑加工，填写审稿记录、发稿单等，办理发稿手续，复审，问题较多时退改，终审。这段时间主要参与者有四个人，即责任编辑、复审者、终审者和作者。也就是说，编辑周期由这四者控制。尽管责任编辑是出版社与作者之间沟通的桥梁，是四方的协调者，但控制编辑周期的责任全部由责任编辑承担也有失公允。缩短编辑周期责任编辑肯定要努力，但其他三人也要努力。从现实情况来看，作者的努力很重要，作者的修改时间往往很长。复审者和终审者都是高级编辑，他们要审的书稿很多，也很忙，但合理安排是可以缩短编辑审稿周期的。

总的来说，编辑周期是可控的。这也是缩短出版周期最有可能的环节。为缩短编辑周期，责任编辑要花费更多的精力，书稿在自己手上时要尽快脱稿，在他人手中时要不断地催促，特别要多提醒作者快速修改。这些工作是责任编辑工作的一部分。

（二）校对周期

时间较长的是校对周期。这期间要做的工作有：一校，退改，二校，退改，三校，退改，作者校对，对红，责任编辑通读，质检，退改，出片，对片。这段时间主要参与者有九人，即一校者、二校者、三校者、改版者、作者、对红者、责任编辑、出片者和对片者。这一周期中,参与者众多,复杂性增加,流程较长,每个环节多耽搁一天周期就会加长很多,责任编辑要时刻关注书稿进展,适时催促,才能缩短校对周期。

(三)制作周期

书稿出片以后进入图书制作周期。制作周期是指出版部门发出施工单到图书入库所花费的时间。这期间要做的工作有:拼版,晒版,上版,印刷,下版,大张检查,折页,串线,配页,压平,上胶,印封面(贴膜、UV、烫金等),包封面,质检,打包,发运等。精装书工作流程更多。这一周期中,参与者更多,流程更长,加上印装厂忙闲不均,图书的印张和印数不一,制作周期很难把握。

(四)物流周期

物流周期是指图书出版以后到图书在书店上架所花费的时间。这一周期中,主要工作是物流工作,所以称为物流周期。这期间要做的工作有:图书从印刷厂运送到出版社仓库,入库,根据订单配书,打包,交物流公司发运,书店入库,书店配书分发到卖场,卖场入库,卖场配书,卖场上架销售。如果批发环节增加,那么,物流环节还要增加。在整个过程中,运输所花费的时间是可控的,确定是公路运、铁路运、水运,还是空运,时间就能估算出来。而入库到发货环节的时间就很难确定。

而且,过程中至少有三次入库发货。第一次入库在出版社,可能控制情况会好一点,在书店的几次入库发货就很难控制。书店的管理工作出版社一般不会参与,况且全国的书店情况不一,不好控制。

二、图书出版周期的控制

(一)编辑周期的控制

作者交稿以后,编辑周期在以上所列四个周期中是最长的。差错率低于万分之一的质量指标,迫使编辑认真对待审稿工作,不能一蹴而就,特别是对于来稿基础较差的书稿。作者总是希望自己的作品早日问世,所以作者催促编辑也是常有的事。总的来说,编辑处于两种状态,来稿之前是"催促"状态,来稿之后是"被催"状态。

编辑周期的有效管理核心在于责任编辑的统筹能力。一审环节作为基石,其重要性不言而喻,承载着繁重的任务与较大的压力。为了确保审稿质量与编辑周期的双重优化,我们倡导一审流程应尽可能连贯高效,实现质量与效率的双重保障。这不仅是编辑工作的策略考量,更关乎专业方法的运用。在实践中,建议责任编辑集中精力于单一书稿的审核工作,避免多部书稿交叉处理,以维持清晰的思路与高效的进度。尤为重要的是,应避免稿件积压现象的发生,无论是办公室、家中还是工作桌上，均不应成为积压稿件的场所。合理的资源调配至关重要，当某位责任编辑手头任务相对宽松时，应及时将积压的稿件转交其处理，以优化整体工作流程。此外，责任编辑在完成初稿编辑后，应持续关注书稿的后续流转过程。鉴于编辑流程涉及多个环节，任何一环的延误都可能显著延长整体周期。因此，加快书稿在各个环节间的流转速度，是缩短整体编辑周期的关键所在。通过紧密跟踪与有效协调，确保各环节顺畅衔接，方能实现编辑工作的高效运作。

（二）校对周期的控制

校对周期的弹性较大。我们不妨分析一下校对工作的来历。在手写书稿的年代，审稿以后排版是铅字排版，排版工人在捡字拼版时常有差错，校对工作主要是把排版过程中出现的差错纠正过来，用原稿和校样对照着校，把校样上不同于原稿的地方纠正过来，所谓校异同。如果发现原稿上的差错也改过来，所谓校是非。由于捡字拼版差错太多，于是规定出版社必须执行"三校一对红"制度。在现代，来稿都为电子稿，录入工作在作者交稿之前就已完成，现在的审稿，不仅审查内容差错，还要把录入时的差错也纠正过来，编辑做了部分以前的校对工作。校样出来以后，来看看校对人员做些什么。他们还是把校样对着原稿校对，录入差错在原稿上已经改出来，校对人员只要核对编辑在原稿上改出来的错在排版环节改掉了没有。另外,核查一下排版环节有没有出现新的差错,主要是版式的差错。这些工作只相当于铅排时代的一次对红。然而,"三校一对红"制度从来就没有废除过,各出版社还在坚持着,只是流程进行了优化。基于以上分析,校对周期可以从流程上改进,从而大大缩短周期。

如果一定要坚持"三校一对红"制度的话,可以作灵活处理。有些出版社把排版厂的毛校视作一校,把作者的校对看作二校,出版社只做三校。有时三校还兼作对红和通读。退改工作也只做一次或两次。一切视书稿质量而定。

(三)制作周期和物流周期的控制

在出版制作阶段,需严格规划并执行各环节的时间节点,从选题策划、内容编辑、校对排版到印刷装订,每一步都应精细化管理,确保各流程紧密衔接,减少不必要的延误,从而有效缩短制作周期。同时,引入先进的数字化工具和管理系统,能进一步提升工作效率,保证图书质量的同时,加快出版速度。

物流周期的控制同样重要。优化仓储布局,采用先进的物流管理系统,实现库存信息的实时更新与精准追踪,缩短配送时间。与物流公司建立长期合作关系,确保运输过程中的安全与高效,特别是对于远距离或跨国物流,更需精心规划路线与方式，以缩短物流周期，让图书更快到达读者手中。此外，利用大数据分析预测市场需求，合理安排生产与配送计划，也是控制物流周期的有效手段。

第三节　图书营销难点与策略思考

一、图书营销的难点

在图书出版行业，营销环节面临着诸多挑战和难点，需要精心策划与创新思维来突破重重困境，从而成功吸引读者并推动图书销售。

（一）市场定位与读者细分

在图书营销中，首先面临的挑战是如何做到准确的市场定位和读者细分。每本书都有其独特的受众群体，但如何精确找到这个群体并进行有效的营销，是图书营销中的一大难点。市场定位不仅仅关乎书的内容，还与读者的年龄、性别、兴趣、职业等多个维度紧密相关。不同的读者群体对图书的需求和接受度有着显著的差异，这就要求营销人员在策划营销活动时，能够深入洞察目标读者的心理和需求，使营销活动更具针对性和吸引力。然而，实际操作中，由于市场变化和读者需求的多样性，精准定位往往难以实现，这成为图书营销中的一个重要难点。

（二）内容创新与形式突破

在内容为王的时代，图书的内容质量是吸引读者的关键。但随着信息时代的到来，读者的阅读习惯和兴趣点发生了巨大的变化。如何在保证内容质量的基础上，实现内容的创新和形式的突破，是图书营销面临的又一个难题。传统的图书内容已经难以满足现代读者的多样化需求，因此，出版机构需要不断探索新的内容创作方式和呈现形式，以吸引和留住读者。这要求出版机构具备敏锐的市场洞察力和创新能力，能够紧跟时代潮流，不断推陈出新。

（三）渠道拓展与整合

随着科技的进步，图书的销售渠道日益多样化。除了传统的实体书店，网络书店、电子书平台等新兴渠道也迅速崛起。如何在这些多样化的渠道中进行选择和整合，以实现图书销售的最大化，是图书营销中的另一个难点。不同的销售渠道有着不同的受众特征和营销方式，如何根据图书的特点和目标读者群体选择合适的销售渠道，并进行有效的渠道整合，是出版机构需要深思的问题。

（四）品牌建设与维护

在激烈的市场竞争中，品牌建设与维护对于图书营销至关重要。一个强大的品牌不仅能够提升图书的知名度和美誉度，还能促进图书的销售。然而，品牌建设并非一蹴而就，它需要时间、资源和精力的持续投入。如何在众多的图书品牌中脱颖而出，形成自己独特的品牌形象，并持续维护和提升品牌价值，是图书营销中的长期挑战。

（五）市场变化与应对

图书市场是一个动态变化的环境，新的竞争者、新的阅读趋势、新的营销策略不断涌现。如何及时捕捉市场变化，并灵活调整营销策略以适应这些变化，是图书营销中的一大考验。市场变化可能带来机遇，也可能带来挑战，出版机构需要具备高度的市场敏感性和应变能力，才能在激烈的市场竞争中立于不败之地。

二、图书营销的策略

在图书市场竞争日益激烈的今天，制定有效的图书营销策略显得尤为重要。营销策略不仅关乎图书的市场表现，更直接影响着出版机构的品牌影响力和长远发展。

（一）图书市场定位策略

图书市场定位是一个策略性决策过程，其核心在于出版发行企业（以下简称为书业）如何根据图书流通环境以及自身的资源和技术条件，精准确定在目标图书市场上的竞争地位。这一决策不仅关乎书业的市场份额,更影响其长远的品牌塑造和盈利能力。由于图书流通环境和书业的资源与技术条件始终在动态变化中,图书市场的竞争态势也会随之发生演变,这就要求书业能够灵活调整其市场定位策略,以适应不断变化的市场需求。

在众多的市场定位方式中,以下四种模式因其不同的特点和适用场景,被广大书业广泛采用。

1. 优势定位

优势定位策略强调的是书业应充分利用自身的资源和技术优势,通过精心策划的营销组合,强行进入并占领某一目标图书市场。这种策略通常要求书业具备显著的优势资源,如独特的编辑能力、强大的发行网络或深厚的作者资源等。在实施优势定位时,书业的决策层需进行充分的市场研究和论证,确保所选目标市场与自身的优势资源相匹配。通过集中力量,以强有力的营销手段和推广活动,迅速在目标市场中形成品牌影响力并抢占市场份额。

2. 避强定位

当书业在选择目标图书市场时,会刻意避开那些竞争激烈或已被强势对手占据的市场,转而专注于那些竞争相对较弱但又能充分利用自身资源和技术条件的市场。这种策略的核心在于寻找市场的"蓝海",通过细分市场,发现那些未被充分开发或竞争较小的领域,从而避免与强大的竞争对手直接交锋。这样,书业可以在较小的竞争压力下,更高效地利用自身资源,逐步建立起稳定的市场份额。

3. 复合定位

复合定位是一种更灵活和多元的市场策略。在这种策略下,书业会同时选择多个目标图书市场进行开发。一方面,书业会集中主要的资源和技术优势,全力打入并力争在主要的目标图书市场中形成竞争优势;另一方面,也会分配一部分资源和技术力量,去探索和开拓其他具有潜力的目标图书市场。这种策略的优势在于其多样性和灵活性,能够使书业在多个市场中寻找机会,降低单一市场波动的风险。

4. 重新定位

重新定位,或称二次定位、转换定位,是书业在营销过程中根据市场反馈和综合评估所采取的一种动态调整策略。在实施初期市场定位策略后,书业会密切跟踪营销过程,并对营销效益进行定期评估。当发现原定位策略未能达到预期效果,或在市场环境发生变化时,书业会及时调整其市场定位,以适应新的市场需求或竞争态势。这种策略要求书业具备敏锐的市场洞察力和快速的反应能力,以确保在动态变化的市场环境中保持竞争优势。

（二）图书市场竞争策略

在激烈的市场竞争中，图书出版企业为获取更大的市场份额和更高的经济效益，必须精心策划和实施有效的市场竞争策略。以下将详细阐述六种关键的图书市场竞争策略。

1. 创新取胜

创新是图书市场竞争中的核心策略之一。在内容创新方面，出版企业应深入挖掘读者需求，寻找新颖独特的选题，打破传统框架，推出具有原创性和思想深度的作品。形式创新则要求企业在图书设计、装帧和排版上别出心裁，以吸引读者的眼球。此外，营销创新也是关键，通过运用新媒体、社交网络等现代化手段，开展线上线下相结合的推广活动，能够有效提升图书的市场曝光度和销售量。

2. 质量取胜

质量是图书市场的生命线。出版企业必须严把质量关，从选题策划、内容撰写到编辑校对、印刷装帧等各个环节，都要精益求精，确保图书内容准确、语言流畅、设计精美。高质量的图书能够赢得读者的信任和口碑，进而在市场竞争中占据优势地位。为提高图书质量，企业应建立完善的质量管理体系，加强员工培训和质量控制，确保图书达到行业标准和读者期望。

3. 速度取胜

在快节奏的现代社会中，速度成为图书市场竞争的重要因素。出版企业需要具备敏锐的市场洞察力和快速响应能力，及时发现并抓住市场热点和读者需求，迅速推出符合市场需求的图书产品。同时，企业还应优化出版流程，提高工作效率，缩短图书从策划到出版的周期，以便更快地占领市场先机。通过速度取胜，企业能够在竞争中抢占先机，提高市场份额。

4. 信誉取胜

信誉是出版企业在市场竞争中的无形资产。建立良好的信誉需要企业在多个方面做出努力：首先，要保证图书内容真实可靠，避免出现抄袭、虚假宣传等不良行为；其次，要提高服务质量，为读者提供优质的售后服务和阅读体验；最后，要积极履行社会责任，参与公益事业，树立良好的企业形象。通过信誉取胜，企业能够赢得读者的忠诚度，实现口碑传播，从而在竞争中脱颖而出。

5. 价格取胜

价格策略在图书市场竞争中同样具有关键作用。出版企业应根据目标读者群体的消费能力和购买意愿，制定合理的定价策略。在保证图书质量的前提下，通过降低成本、提高效率等措施，降低图书价格，以吸引更多读者购买。同时，企业还可以利用促销活动、会员折扣等营销手段，提高图书的性价比和市场竞争力。通过价格取胜，企业能够在市场中占据有利地位，扩大销售量。

6. 联合取胜

在激烈的市场竞争中，出版企业可以通过联合策略来增强自身实力。这包括与作者、设计师等创作团队建立紧密的合作关系，共同打造优质图书产品；与其他出版企业、发行渠道、媒体等进行战略合作，实现资源共享和优势互补；与政府机构、社会团体等开展合作项目，提升品牌影响力和社会责任感。通过联合取胜，企业能够汇聚各方力量，形成强大的市场竞争力。

（三）图书产品生命周期的营销策略

图书产品，如同生命体一般，经历着从出生到消亡的自然循环。这一循环，即图书产品的生命周期，是图书在市场中存在和发展的必然过程。通过深入研究这一过程，出版企业可以更加精准地制定营销策略，以延长图书产品的生命周期，实现市场价值的最大化。

营销学上，一种产品的生命周期通常被划分为引入期、成长期、饱和期和滞销期四个阶段。这一划分主要基于产品的销售增长率，即销售额随时间的变化率。每个阶段都有其独特的市场特征和营销挑战，因此需要采用相应的营销策略来应对。

1. 引入期的营销策略

在图书产品的引入期,市场对新书的认知度较低,销量通常较为有限。此时的营销策略应着重于提高产品的知名度,激发潜在读者的购买欲望。

具体而言,可以采取以下策略:

(1)加大宣传力度,利用媒体广告、网络推广等手段,扩大新书的影响力。

(2)与知名作家、学者合作,通过签售会、讲座等形式,吸引目标读者群体的关注。

(3)采用预售、限时折扣等促销手段,刺激消费者的购买意愿。

通过这些策略,可以有效地缩短引入期的时间,使图书产品尽快进入成长期。

2. 成长期的营销策略

在成长期,图书产品的销量开始稳步增长,市场认可度逐渐提高。此时的营销策略应着重于巩固和扩大市场份额,提高品牌忠诚度。

具体策略包括:

(1)加强与读者的互动,通过社交媒体、线上论坛等途径,收集读者反馈,不断优化产品内容和形式。

（2）开展多样化的营销活动，如读书分享会、线上征文比赛等，增强读者对图书品牌的认同感。

（3）与其他相关产品进行联动推广，如通过与影视、动漫等产业的合作，拓宽产品的受众范围。

通过这些策略，可以进一步推动图书产品的销量增长，并为其进入饱和期做好准备。

3. 饱和期的营销策略

在饱和期，图书产品的销量增长开始放缓，市场竞争也日趋激烈。此时的营销策略应着重于维护市场份额，提高产品的附加值。具体策略包括：

（1）推出特别版、精装版等衍生产品，满足消费者多样化的需求。

（2）开展跨界合作，如通过与教育、旅游等领域的合作，拓展产品的使用场景。

（3）加强知识产权保护，打击盗版行为，维护品牌形象和市场秩序。

通过这些策略，可以延长图书产品在饱和期的生命周期，并为其平稳过渡到滞销期奠定基础。

4. 滞销期的营销战略

在滞销期，图书产品的销量出现下滑趋势，市场需求逐渐减少。此时的营销战略应着重于减少库存压力,探索新的市场机会。

具体战略包括:

(1)开展促销活动,如打折、买赠等,刺激消费者的购买意愿,减少库存积压。

(2)探索数字化转型,将图书内容转化为电子书、有声书等形式,拓宽销售渠道。

(3)开发新的产品线或系列,吸引新的读者群体,为品牌注入新的活力。

通过这些战略,可以有效地应对滞销期的挑战,为图书出版企业创造更多的市场机会和价值。

(四)图书促销策略

促销,即促进销售,是以人员或非人员的方式,帮助或说服顾客购买某种商品或劳务,或者使顾客对卖方的观念产生好感的行为。图书促销是书业运用人员或非人员方式向读者提供图书出版发行信息,帮助读者了解图书产品,以引起读者对某种图书产品或书业有关服务的关注和兴趣,激发其购买欲望,继而产生购买行为的一种图书营销活动。

图书促销有人员推销、广告、营业推广和公共关系四种基本方式,这些宣传促销方式有各自的优势与不足,在图书宣传促销实践中,图书企业必须选择科学的促销组合策略。

第三章　图书编辑出版创新与质量提升

本章聚焦图书编辑出版的创新路径与质量提升方法，通过引入"精益思维"，重新梳理和优化业务流程，探索如何更有效地提升图书编辑出版的质量，以满足读者不断增长的阅读需求。

第一节 图书编辑出版的"精益思维"

随着计算机与互联网技术的迅猛发展,信息获取方式经历了前所未有的变革,日益呈现出碎片化的趋势。这一转变深刻地影响了读者的阅读习惯与需求,使得传统媒体和纸质图书在满足即时、多元化信息需求方面显得力不从心。此现象对传统图书出版行业构成了显著挑战,导致其市场份额受到挤压,发展面临困境。因此,图书出版行业亟须通过创新策略来增强自身的竞争力,确保长远稳健的发展。在此背景下,"精益思维"作为一种强调持续优化、减少浪费并注重价值创造的管理理念,为图书编辑出版提供了新的发展思路和实践路径。

一、"精益思维"的内涵价值

"精益思维"作为一种科学的思维方式,其根源可追溯至精益思想体系。它深刻地体现了精益思想的基本原则,即紧密结合需求来定义价值,致力于促进价值的流动性,确保客户需求成为拉动价值流的核心动力,并不断追求精益求精的持续改进过程。然而，若仅仅将"精益思维"视为精益思想的思维化产物，则可能忽视了其蕴含的丰富实践内涵与动态演化特性，从而不能全面把握其精髓与实质。

"精益思维"作为一种先进的管理理念，其核心在于五大基本原则的深入贯彻与实践。首要原则是杜绝浪费，强调生产活动应紧密结合实际需求进行，通过精细化管理与操作，有效减少资源、时间以及劳动力等各方面的不必要浪费，实现资源的最优化配置。其次，"精益思维"强调以人为中心，将员工的积极参与和满意度作为实现生产管理目标的关键要素，通过激发员工的潜能与创造力，促进生产效率与质量的双重提升。再次，任务拉动流程是"精益思维"的又一重要原则，它要求企业根据实际需求来设计和优化工作流程，去除无用环节，实现工作流程的精简与高效，进而显著提升整体工作效率。此外，"精益思维"倡导科学解决问题的方法，鼓励运用系统性理论、方法和技术来分析和解决生产管理中遇到的各种问题，强化决策的科学性与有效性。最后，精益求精是"精益思维"的终极追求，它要求企业不断寻求改进机会，追求更完美的结果，通过持续的优化与创新，推动企业不断迈向更高的发展阶段。

二、图书编辑出版工作存在的问题及其成因

（一）未能结合用户需求反馈开展选题策划工作

在数字化时代背景下，人们的阅读方式、习惯及兴趣发生了显著变化，这一变化对传统出版业构成了深刻挑战。随着大数据技术的广泛应用，一些出版企业得以深入分析用户行为模式，精准把握读者的兴趣倾向与市场需求，进而灵活调整产品内容与服务策略，实现了数字出版物的优化升级。相比之下，一些固守传统图书的出版企业由于缺乏大数据技术的支撑，难以实时捕捉并响应用户需求的变化，信息反馈机制滞后，导致内容创新不足，产品形式单一，销售渠道亦显得不够便捷，影响了用户体验感与市场竞争力。

进一步而言，传统图书的编辑出版工作多依赖于销售数据、库存状况及排行榜等滞后性指标，难以有效融合即时用户需求，从而导致选题策划过程缺乏足够的针对性与时效性，难以适应数字图书出版快速迭代的变革趋势。

（二）未能充分发挥信息技术的时代优势

图书编辑出版作为一项复杂的文化活动，对编辑人员的知识储备提出了多方面的要求。它不仅要求编辑人员具备深厚的文学、历史、科技等基础学科知识，还强调在信息化时代背景下，编辑人员需紧跟知识更迭的快速步伐。然而，个人知识储

备的有限性使得单一编辑难以全面满足创新发展的需求。特别是在新媒体蓬勃发展的当下，编辑人员不仅需要拥有丰富的信息储备，还需掌握高效的信息获取与挖掘技能以及良好的宣传交流能力。遗憾的是，传统编辑出版工作中，编辑人员的专业能力往往局限于特定领域，缺乏跨学科、跨领域的综合能力。这导致编辑人员在实际工作中难以有效运用信息技术辅助编辑出版，进而影响了编辑出版工作的创新性与时效性。

（三）未能充分发掘和利用附加资源的价值

在新媒体时代背景下，电子出版物的价值评估体系发生了深刻变革，其市场表现与点击量紧密相关，点击量成为衡量电子出版物受欢迎程度及市场潜力的关键指标。点击量不仅关乎电子出版物的生存状态，更直接影响其发展前景，高点击量能够迅速催生爆款内容，并带动衍生出版物的开发与推广，形成良性市场循环。然而，传统图书编辑在选题策划过程中，往往不能充分发掘和利用附加资源的潜在价值，缺乏深度挖掘资源内涵及与读者有效沟通的机制，导致难以及时捕捉并响应市场反馈，错失了优化选题与调整策略的良机。这一现状严重制约了资源拓展目标的实现，进而影响了编辑出版工作的整体效益，亟须通过创新编辑理念与技术手段予以破解。

三、图书编辑出版创新工作融入"精益思维"的策略

(一)选题策划:以"精益思维"创新图书编辑出版理念

"精益思维"作为一种先进的管理理念,其核心在于深度细化、极度简化、内生增效、指标量化以及持续优化这五个维度,能为各领域的管理与实践提供重要的指导思路。对于图书编辑而言,将"精益思维"融入选题策划之中,不仅是提升工作效能的关键,也是推动创新发展、质量提升的重要途径。

为了实现这一目标,图书编辑应确保将"精益思维"贯穿于图书编辑出版的全流程之中,通过对现有流程的深度优化,使量化指标更加具有针对性和实效性。这要求图书编辑不仅要深入理解"精益思维"的内涵,更要以此严格要求自己,不断提升内在动机,形成精益求精的工作态度。同时,图书编辑还需积极创新工作理念,改变固有的传统观念,提高创新意识,以更加敏锐的洞察力准确把握图书的定位与发展方向。在此基础上,图书编辑应致力于提高图书编辑出版内容与形式的创新质量,深度挖掘内容优势,敢于创新表现形式,使图书在内容与形式上都能脱颖而出。此外,在技术创新日新月异的今天,图书编辑还应积极拓展图书表现形式的类型与范围,通过技术创新提升选题策划与图书编辑出版的整体效益,为读者提供更加丰富、多元、高质量的阅读体验。

（二）编辑加工：以"精益思维"提高编辑人员专业能力

在当今出版领域，"精益思维"作为一种核心理念，正深刻影响着图书编辑出版的质量提升。这一思维模式的渗透，强调了专业能力对于推动图书编辑出版创新性发展的重要性。尤其是在新形势下，随着行业变革的加速，对图书编辑出版人员的专业能力要求愈发严格。在此背景下，复合型人才的培养成为靠拢新媒体时代的必备要素，他们不仅具备扎实的传统出版知识，还精通数字技术和新媒体运营，有效促进了"精益思维"在图书编辑出版过程中的全面渗入。这种人才结构的优化，对于保障图书出版行业在新时代的稳定发展，具有不可估量的重要作用。

在当今快速变化的出版行业环境中，编辑人员面临着前所未有的挑战与机遇。为了更好地适应并引领行业发展趋势，编辑人员必须加强专业能力的学习与提升，这不仅是个人职业发展的内在需求，也是推动整个出版行业创新进步的关键因素。具体而言，编辑人员需要不断拓展思考问题的角度，深入分析新媒体及数字媒体对传统出版业的深刻影响，以便更有效地把握市场动态与读者需求的演变趋势。此外，编辑人员不应局限于单一的专业领域，而应积极拓展知识视野，广泛地从多个专业领域汲取信息与灵感。编辑人员通过跨学科的融合与创新可以使图书内容呈现出多元化、综合性的特点，从而增强图书的吸引力和竞争力，满足广大读者日益增长的多样化阅读需求，进一步赢得读者的关注与支持。

综上所述，编辑人员在专业成长的过程中，应注重综合能力的培养与知识结构的优化，以更加开放的姿态和创新的精神，引领出版业迈向新的发展阶段。

（三）营销推广：将"精益思维"融入策划推广

策划推广工作在图书编辑出版的整个流程中具有十分重要的作用，其目的是强化图书营销效果、促进图书销售利润的有效增长。

融入"精益思维"，首要之务在于深化市场调研工作，此过程涵盖了对图书市场趋势的细致洞察、对目标消费者行为心理的深度剖析以及对竞品信息的全面收集与整理。在制订营销方案时，出版社需紧密贴合自身的战略目标，同时保持对市场不确定因素的敏锐感知与合理预判，以确保方案的稳健性。此外，还应充分考虑地域文化差异对消费者偏好的影响，为图书营销模式的科学选择与策略调整提供有价值的参考依据。

其次还要分析目标市场，深入掌握图书目标消费群体的基本特征，包括其年龄、性别、教育背景、阅读习惯及购买力等。在此基础上，需综合考虑图书的质量、既定的营销目标以及竞品图书的市场表现，以便为图书定位提供有力依据。潜在消费群体对出版社的发展具有不可忽视的重要性，因此，必须结合消费者的实际能力与地理分布特点进行深入分析。同时，在考虑图书销售市场容量时，应充分体现其范围性特征，以便更准确地评估市场潜力。值得注意的是，随着市场容量的增长，图书同质化现象可能会日益增多，这要求出版社在选题时务必深入分析目标市场，以确定最具潜力的营销模式和广阔的发展空间。为了更好地满足目标读者消费需求，出版社应精准做好图书定位，并充分分析社交平台上读者的阅读和讨论情况，以便及时调整策略。通过不断提升图书内容质量与服务质量，出版社有望获得目标读者的广泛认可与支持，从而在激烈的市场竞争中脱颖而出。

最后需要在构建推广平台中融入"精益思维"。信息化时代背景下，读者间的线上沟通互动日益频繁，这为出版社提供了新的推广契机。对此，出版社可积极推出线上沟通推广平台，鼓励读者结合自身阅读经历进行学习交流。在此过程中，出版社不仅能有效推广新图书，还能通过增强平台的交互性，使读者更加便捷地获取阅读服务信息。如此，图书推广服务将更加优质，更能满足读者的多元化需求。

（四）跟进时代发展：以"精益思维"优化编辑出版工作

"精益思维"作为一种核心理念，其精髓在于追求精益求精、尽善尽美的态度，这一理念在图书编辑出版领域的应用尤为关键。具体而言，"精益思维"不仅能够引导编辑人员减少繁复的工作任务，还深刻体现了"删繁就简"的管理特点，即通过精简非必要流程，实现工作效率与质量的双重提升。编辑人员在实际操作中，可以依据"精益思维"缩减不必要的工作环节，集中精力于核心编辑任务，从而在保障工作效率的同时，显著提高编辑质量。

同时，"精益思维"有助于全面优化图书编辑出版的各个环节，通过灵活调整工作流程，使出版机构能够更好地应对市场挑战，保持竞争力。在此过程中，坚持图书内容的基础观点尤为重要，即出版机构在追求市场适应性的同时，还应避免因过度迎合市场需求而忽略图书的主旨与价值。同时，出版机构应以提升图书服务质量为前提，通过不断优化出版内容与形式，有效提高用户认可度和忠诚度，构建稳定的读者群体。

顺应信息技术的发展趋势，"精益思维"还倡导出版机构运用互联网技术深入分析市场需求，积极搜集并分析用户反馈，通过多种途径邀请读者发表意见与建议。在此基础上，运用大数据技术进行精准的需求分析，为出版决策提供科学依据。最终，出版机构通过不断完善和优化编辑出版工作流程，进一步在激烈的市场竞争中保持长远、稳定的发展态势，实现文化传承与经济效益的双重丰收。

综上所述，"精益思维"已对众多行业领域产生了深远影响，为新时期图书编辑出版工作的创新发展开辟了全新的思路，对于进一步提升编辑出版工作的实际质量具有至关重要的作用。在编辑出版工作的全流程中，出版机构需将"精益思维"深度融入每一个环节，从前端至后端，全面促进编辑人员的专业能力与综合素质的提升，从而不断增强自身的市场竞争力、推动行业的转型升级。

第二节　图书编辑出版的业务流程再造

在当前信息化时代背景下，数字化、知识化、智能化已成为国内出版业转型升级面临的重大机遇与挑战。图书出版业务作为国内大部分出版机构的核心与主营业务，其转型升级尤为迫切与必要。然而，传统图书编辑出版业务流程存在诸多弊端，如效率低下、响应速度慢、缺乏灵活性等，已无法满足当前快速多变的知识传播需求，也难以支撑产业向更高层次的转型发展。因此，出版机构亟须运用现代化技术，紧密围绕数字出版、知识服务、智能出版的目标，对图书编辑出版业务流程进行全面再造与优化升级。这一系列创新举措，有助于推动内容生产模式的革新、运作管理机制的完善以及传播方式的智能化转型，最终实现出版业务、商业模式与发展模式的全方位创新转型，为出版业的可持续发展奠定坚实基础。

鉴于传统图书编辑出版业务流程存在的问题，本书根据目前国内外出版业相关流程设计以及技术应用情况，提出图书编辑出版业务流程再造的三种可能模式。

一、1.0 模式：基于 ERP 系统的线上线下联动流程

企业资源计划（Enterprise Resource Planning，ERP）作为一种基于先进管理理念并以信息技术为支撑的企业信息化管理方式，近年来随着网络化、信息化的不断推进，被越来越多的出版机构所引入。ERP 系统通过串联起图书出版流程中的各项数据，有效促进了信息在企业内部的共享，显著提高了出版效率，并助力出版机构提升了经营管理的精细化水平。因此，ERP 系统的应用已成为出版社实现数字化转型的必要条件，对于推动出版行业现代化发展具有重要意义。

基于 ERP 系统建设再造编辑出版业务流程，就是将现行的传统编辑出版工作流程嵌入 ERP 系统的审批流程中，实现线上审批流和线下工作流的联动。具体而言，该流程涵盖了从选题报选、作者约稿、稿件收集与上传、在线审稿、编辑加工、发稿准备、排版设计到上传校样、专业校对、清样上传、严格质量检查，并最终流转至生产部门的完整链路。此一体化流程不仅优化了资源配置，还显著增强了出版流程的透明度与可控性，为出版业的智能化、高效化转型奠定了坚实基础。

在该流程中，编校人员依然在纸质件上工作，只在关键节点将稿件的相关电子文件上传到系统中，在线实现流程的推进。

这样的设计有以下优点：首先，它有效解决了纸质稿件线下流转的烦琐问题，通过电子化手段对长篇幅、多环节的生产流程进行科学管理，确保了项目进度的有序推进，并为管理层提供了数据支持，助力其做出更加科学合理的决策，进而提升整体管理的精细化水平。其次，此模式实现了线上审批信息流与线下实际工作流的分离，这一创新举措极大地减轻了 ERP 系统的数据负荷，有效降低了服务器的运行压力，不仅提升了系统的访问速度，还显著增强了系统的安全性和稳定性。最后，该模式通过在关键节点上传稿件实现了内容资产的数字化、统一化管理，同时便于多版本内容的存储与追溯，为企业的知识管理和内容创新提供了坚实的基础。

该模式作为编辑出版业务流程向信息化、科学化转变的重要驱动力，显著提升了整体运转效率，实现了从传统的纸质件向数字件的顺利过渡，并有效促进了数字内容资产的系统化管理。这一变革标志着编辑出版流程数字化转型的初步探索与实践，为出版机构带来了温和而积极的改变，使其易于被接纳与融入现有工作体系。然而，值得注意的是，该模式仍属于过渡形态，未能完全摆脱纸介质编辑生产方式的束缚，这在一定程度上限制了其进一步发展。特别是在数字化、富媒体形态的内容生产方面，该模式显得力不从心，难以满足当前数字出版和知识服务领域对高质量内容生产的迫切需求。

二、2.0 模式：基于 XML 结构化排版的全流程数字化编辑生产流程

XML（Extensible Markup Language），即可扩展标记语言，自 1998 年发布为推荐标准以来，以其简单灵活的文本格式特性，在数据处理领域展现出强大潜力。其核心理念在于通过结构化排版，将内容与样式有效分离，从而实现了内容的实时结构化生产与编辑，极大地提升了数据处理效率与灵活性。XML 技术使得文件或元数据能够形成资源储备，这些资源可独立于具体的文件格式实时变更，轻松适应不同媒介的发布需求。施普林格出版社自 1998 年起便开始应用 XML 技术加工图书，实现了内容的一次创建、多次利用，并基于此构建了先进的数字出版平台。国内众多科技期刊，如"中国科学"系列，也已实现了基于 XML 的全流程数字出版，标志着我国在科技出版领域的数字化转型取得了显著进展。

首先，XML 结构化排版可以实现内容的一次制作、多元发布，能适应多样化的阅读终端，系出版流程的一次革新。科技图书尤其可探索在线优先发布的模式，以迅速响应市场需求。其次，XML 结构化排版通过精细的元数据分类管理，不仅能够实现内容的富媒体化，还能够促进立体化出版，这种多维度的

呈现方式极大地便利了读者的理解与吸收。同时，在这一过程中形成的结构化数据具有可重复利用性，为未来内容的标引、语义关联以及大数据分析奠定了坚实的基础，预示着出版业向智能化、数据化转型的广阔前景。

在当前信息化时代背景下，图书出版业务面临着前所未有的挑战与机遇，其转型与融合发展已成为行业共识。这一转型的核心在于从传统的以纸质载体为主的出版模式，向更加多元化、数字化的知识服务模式转变，而这一过程的首要任务便是实现内容的结构化生产。内容结构化与碎片化不仅是适应新时代读者阅读习惯的关键，更是构建新内容集成与加工模式——如自动标引、语义关联、大数据分析等先进技术应用的基石。鉴于此，探索并实践一种基于XML结构化排版的图书全流程数字化编辑生产流程显得尤为重要。该流程涵盖了从模板化写稿起始，历经在线审稿、数字化编辑加工、发稿、XML结构化排版，直至在线校对质检与多元多态发布的每一个环节。这一创新流程不仅极大地提升了编辑效率，还使得书稿得以在线优先发布，有效缩短了出版周期，同时大幅减少了排版与校对的工作量，显著提高了校对质量与出版物的市场竞争力。尤为值得一提的是，定稿后的书稿文件具备高度的灵活性与兼容性，既可直接用于印刷出版纸质图书，又能轻松转换成电子书、有声书、在线课程等多种形态，满足不同终端用户的多元化阅读与学习需求，真正实现一次创作、多元应用、广泛传播的知识服务目标。因此，图书出版业务向知识服务的转型与融合发展，通过内容结构化生产的优先实现，不仅能为传统出版业注入新的活力，还能为知识经济的繁荣贡献重要力量。

因此，对于出版机构而言，要真正实现数字出版乃至知识服务的转型，必须加速推动出版业务流程向 2.0 模式的转变。这一转变的必要性体现在两个方面：一方面，随着 XML 技术的不断成熟与完善，经过深度加工的、个性化的、完全数字化的图书出版将以其无可比拟的优势超越传统的出版方式，成为未来发展的主流趋势。另一方面，对于科技出版而言，2.0 模式的实施将极大地促进书刊之间的互动，实现科技图书与科技期刊资源的有效整合与利用，进而大幅提升内容资源的使用效率及其价值开发空间，为科技出版带来新的发展机遇。

在实施 2.0 模式的过程中，出版机构面临的主要难点可归结为以下三个方面：首先，必须建立起一支专业的 XML 排版队伍，这要求队伍成员不仅具备深厚的排版技术功底，还需对 XML 标准有深入的理解和应用能力，以确保排版工作的专业性和准确性。其次，鉴于图书版式的多样化特点，需要对 XML 排版模板进行重新配置和定制，以适应不同图书的特定排版需求,这一过程涉及复杂的技术操作和对图书内容的深入理解。最后,为了推动图书向富媒体化、立体化方向转变,还需着力提升编辑的编前工作能力、一次性编辑加工的完成度以及数字内容的制作能力,这要求编辑人员不仅要具备传统的编辑技能,还要掌握数字技术和多媒体应用知识,从而实现图书内容的多维度呈现和传播。

三、3.0 模式:基于 AI 技术的智能出版一体化业务流程

未来出版业的发展趋势指向了智能出版的转型升级,这一转型标志着生产方式将全面迈向数字化、融合化与智能化的新阶段。在此过程中,AI 融合出版将扮演核心角色,它不仅预示着技术创新的深度渗透,更预示着新业务模式的诞生,将为传统出版业的创新路径开辟出前所未有的广阔天地。

然而,审视当前出版业 2.0 阶段的业务流程,不难发现,诸多过程性工作仍过分依赖人工操作,未能充分发掘并利用人工智能与大数据技术的潜力。作者们的写作方式亦显传统,大量精力被格式规范等烦琐工作所消耗,这无疑制约了创作效率与作品质量的进一步提升。同时,编辑与作者、排版校对之间的沟通成本居高不下,文稿流转缺乏共用的平台支撑,实时共享与版本管理成为难以企及的奢望,这些问题共同构成了出版业智能化转型道路上的显著障碍。

笔者认为，在未来的图书编辑出版领域，一个全新的3.0模式正逐步成型，其核心理念围绕着智能化、一体化与社交化的深度融合。这一构想旨在通过技术创新重塑传统出版流程，构建一个更加高效、灵活且互动性强的出版生态系统。具体而言，该模式涵盖了八大核心模块，每一部分都紧密相连，共同推动出版业的转型升级：①智能化的选题策划平台利用大数据分析和专家库资源进行精准的选题论证与在线审批立项。这一平台能够深度挖掘市场需求，结合学术趋势与读者偏好，为出版项目提供科学依据，确保选题的前瞻性和市场适应性。②协同撰稿平台通过提供结构化写作模板，极大地简化了作者的创作过程。作者只需专注于内容创作，其余如格式排版等烦琐工作则由系统自动完成，这不仅提升了写作效率，也保证了稿件的一致性和专业性。③在线投稿审稿平台则实现了投稿与同行评议过程的透明化与智能化。借助先进的算法，平台能自动匹配最合适的审稿专家，缩短审稿周期，同时保持评审的公正性与客观性，为高质量学术成果的快速发表奠定基础。④全流程数字化编辑加工生产。编辑加工生产环节考虑到了整体平台开发的必要性，灵活选用 Word 或 XML 编辑器作为内核，以适应不同编辑习惯与出版需求，确保内容编辑的灵活性与兼容性。⑤智能化的校对质检工具。基于庞大的纠错改错数据库，系统能够自动检测文本错误，辅助编辑人员提升工作效率与出版质量，帮助图书达到高标准的专业要求。⑥智能化按需印刷生产系统。按需印刷生产系统与电子商务平台的无缝对接，实现了从订单接收、印刷生产到物流配送的高效一体化管理，不仅降低了库存成本，还促进了绿色印刷理念的实践，满足了市场对个性化、即时性出版物的需求。⑦电子商务平台。对于出版机构而言，开发自有电子商务平台、搭建直销体系，是掌握市场主动权的关键。这不仅能有效控制销售渠道，还能通过数据分析更直接地了解消费者行为，为后续的选题策划与营销策略提供有力支持。⑧网络传播与社交分享功能。系统极大地拓宽了知识的传播渠道，促进了学术交流与思想碰撞。通过社交媒体平台，图书内容可以以更碎片化、更易于传播的形式触达更广泛的受众，实现知识的社会价值最大化。

然而，要实现这一转型，出版业不仅需积极接纳并应用人工智能等新兴技术，更需勇于加大投资力度，主动研发相关平台，并致力于攻克其中的关键技术难题。尽管此过程伴随着风险与投入压力，但一旦成功实施，必将极大提升运营管理的效率，推动业务的转型与发展，从而真正构建起适应智能化时代的全新出版业务流程。

第三节　图书编辑出版质量的提升路径

在新形势下，随着读者对知识需求的不断增加，各类优秀文化作品如雨后春笋般涌现，这些作品不仅极大地丰富了人民的精神生活，还在潜移默化中提升了公众的文化素养。纸质图书作为传统而重要的信息与知识获取途径，其地位依然不可撼动。随之而来的是我国图书需求量的显著增长，这无疑加大了图书编辑的工作量。然而，图书数量的激增并未带来质量的同步提升，反而出现了质量下滑的现象，这一问题无疑成为阻碍图书出版行业健康发展的重大障碍。[①] 因此，确保并提升图书编辑出版质量，成为当前亟待解决的重要课题。只有从根本上提升图书的质量，才能为读者提供良好的阅读体验，才能更好地促进图书出版行业持续繁荣与发展。

[①] 李佳艺：《如何解决图书编辑出版中的质量问题》，《中国报业》2022年第6期，第64–65页。

一、提高图书编辑出版质量的意义

首先，从满足消费市场需求的角度来看，随着读者文化素养的普遍提升和消费市场的多元化发展趋势，读者对图书的需求也日益个性化和多样化。因此，提高图书编辑出版质量，不仅能够更好地满足读者的个性化阅读需求，还能够进一步促进出版业的繁荣发展，使其在不断变化的市场环境中保持竞争力。

其次，在出版业面临转型升级的关键时期，提升图书编辑出版质量是为行业持续稳定发展提供坚实保障的重要途径。出版业需不断加大革新力度，以适应快速变化的市场环境，并通过高质量的图书产品弘扬主流文化，引导社会文化的正向发展。

最后，提高图书编辑出版质量也是提升社会文化水平的必然过程。保障图书内容的高质量能够显著提升读者的阅读体验，满足其深层次的阅读需求。同时，编辑出版质量的提升还有助于扩大读者群体，增强阅读的社会影响力，从而有效提升全民的文化素养和知识水平。因此，图书编辑出版质量的提高不仅是出版业内部发展的需要，更是推动社会文化进步的重要力量。

二、提高图书编辑出版质量的有效路径

（一）加强编辑审核工作

在图书出版流程中，应着重强化前期的内容审核环节，通过加大审核力度，提升内容的准确率后再进行后续移交工作，

这是提升图书整体质量的基础。同时，图书的复核过程需严格遵循既定制度标准，不仅要对内容进行全面审查，还应根据图书的质量水平进行科学合理的等级划分，以此作为后续传播与推广的重要依据。在此基础上，应加大对优质图书的传播与推广力度，同时优化图书市场结构。为了进一步适应出版行业的发展需求，还需建立起一套科学、高效的编辑管理体系。同时，贯彻落实策划编辑制度，从源头上确保图书选题的质量与深度，为出版高质量图书奠定坚实基础。

（二）重视并优化质量管理流程

在当前图书出版领域，针对传统质量管理流程的调整与优化显得尤为重要。这一变革不仅关乎出版流程的精细化管理，更是对行业整体发展环境的一次深刻反思与积极应对。

为实现这一目标，首要任务是引导编审人员深刻认识到图书质量对于推动整个文化产业持续健康发展的重要性。这要求编审人员不仅具备扎实的专业素养，还需拥有敏锐的政治嗅觉，确保出版物在政治思想内容上的正确导向，坚决避免任何形式的政治错误。

其次，图书编辑出版工作应全面注重每一个细节的质量把控，从文字校对、版式设计到装帧印刷，无一不体现出对图书整体水平的极致追求。提升责任意识，构建并完善图书质量防范体系，是保障图书质量稳步提升的关键环节。此外，对图书内容的严格管理同样不可忽视，它直接关系到图书内容的价值输出与创新能力的展现，是吸引读者、保持市场竞争力的核心要素。

最后，出版社作为文化传播的前沿阵地，更应积极创新图书出版理念，主动选择具有正向价值和社会意义的选题，坚决消除消极、低俗内容，以此不断提升读者的阅读体验与满意度，进而促进图书出版业的繁荣发展与文化软实力的增强。

（三）完善法律法规和加大市场监管力度

在当前市场竞争日益激烈的环境下，部分图书出版企业过于追求短期经济效益，而忽视了图书质量这一核心要素。这一现象不仅损害了消费者的利益，更在深层次上阻碍了图书出版行业的持续健康发展。针对此问题，相关管理机构必须紧密结合行业实际，积极构建和完善相关法律法规体系，为出版行业的长远发展提供明确的指引和规范，从而有效提升图书编辑出版的整体质量。同时，还应进一步加大市场监管力度，要求出版企业切实加强内部管理，严格控制图书编辑出版的每一个环节，确保及时发现并妥善处理存在的质量问题。在此过程中，政府应充分发挥其监管作用，通过建立科学的图书准入制度，不断完善现有的规章制度，同时积极鼓励社会各界群众参与，共同营造一个良好的阅读氛围，为图书出版行业的持续繁荣奠定坚实的基础。

（四）提升图书编辑出版从业人员的职业素养

图书编辑出版人员在文化产业的繁荣发展中扮演着举足轻重的角色，其职责不仅关乎文化的传承与创新，更直接影响到读者的阅读体验。因此，注重文案排版与图书质量的提升，是优化读者阅读体验不可或缺的一环。排版布局的合理性与图书内容的精准性相辅相成，共同构成了书籍的整体质量，这对于吸引并留住读者至关重要。保证书籍出版质量的关键在于提升编辑出版人员的职业素养。出版社作为文化传播的重要载体，应当严格筛选从业人员，优先录用那些技能扎实、素养深厚、经验丰富的编辑出版人才。同时，定期的职业技能培训与先进思维的培养同样不容忽视，这不仅确保了图书内容的前沿性与深度，也保障了图书外观设计的审美与实用性。此外，编辑出版工作人员还需具备高度的文学素养与扎实的文字功底，紧跟时代发展步伐，敏锐捕捉并掌握新兴事物，以便更好地服务于图书内容的创新与丰富。培养工作人员强烈的责任心，使他们对本职工作充满热爱，是推动图书出版事业持续健康发展的内在动力。

总之，图书编辑人员务必给予自身工作高度重视，不断提升专业素养与技能水平。同时，出版行业亦需加大力度引进优秀人才，以此为契机，显著提升图书编辑出版的整体质量。尤其在当前社会经济快速发展的背景下，图书编辑出版工作面临着前所未有的机遇与挑战。因此，行业内部需紧密关注市场动态，及时调整和优化工作方法与内容，以适应新的发展需求，进而有效提升图书编辑质量。此外，图书编辑人员还需时刻关注图书质量问题，不断增强责任意识，确保图书达到高质量标准，为图书出版行业的持续、稳定发展提供坚实保障。

第四章　数字出版发展与图书编辑出版实践

随着数字技术的迅速发展，数字出版已成为行业趋势。本章分析数字出版的起源与发展，并探讨其对传统图书编辑出版产生的深远影响。同时，介绍数字化技巧在不同类型图书出版中的实际应用，为从业者提供实践指导。

第一节　数字出版的产生与发展

一、数字出版的产生背景

数字化时代是以数字为媒介，以二进制为数字计算方式的时代。随着计算机技术的飞速发展，信息的存储、处理和传输方式发生了根本性的变革。数字化技术逐渐渗透到各个领域，为信息的获取、存储、处理和传播提供了前所未有的便利。

在数字化时代的推动下，数字出版应运而生并逐渐兴起。数字出版是指利用数字技术进行内容编辑、加工、存储和传播的出版方式。它打破了传统出版的限制，实现了内容的快速更新、广泛传播和个性化定制。

数字出版的兴起首先表现在出版形式的多样化上。除了传统的纸质书籍外，电子书、有声读物等新型出版形式层出不穷。这些新型出版形式以其便捷性、互动性和个性化等特点吸引了大量读者。其次，数字出版的兴起还体现在传播渠道的拓展上。借助互联网技术，数字出版产品可以迅速传播到全球各地，打破了地域限制。同时，社交媒体、自媒体等新兴传播渠道的崛起也为数字出版提供了更广阔的发展空间。最后，数字出版的兴起对出版业产生了深远的影响。它不仅改变了传统出版的生产方式和传播模式，还推动了出版业的创新和转型升级。数字出版以其高效、便捷、环保等优势逐渐成为出版业的重要发展方向。

然而，数字出版的兴起也带来了一系列挑战和问题，如版权保护、内容质量把控等。因此，在推动数字出版发展的同时，也需要加强相关法规和政策的建设与完善，以确保其健康、有序地发展。

二、数字出版的相关概念及发展演进

探讨数字出版的相关概念及发展演进时，我们可以将其历程划分为三个阶段：早期的电子出版阶段、网络出版阶段、数字出版阶段。这三个阶段并非孤立存在，而是相互联系、逐步演进的过程。手机出版、跨媒体出版以及移动出版等，虽然各自侧重点不同，但均隶属于"数字出版"这一广泛范畴。

（一）早期的电子出版阶段

电子出版是数字出版的初级阶段，主要以电子媒介为载体，实现了出版内容的数字化存储与传播。此阶段可细分为三个时期。

1. 桌面出版与光盘出版阶段

桌面出版起源于20世纪80年代末90年代初，随着激光照排技术的推出和普及而兴起。这一阶段以电脑排版和印刷技术的革新为标志，大大提高了出版效率和质量。光盘出版则进一步推动了电子出版的普及，它通过将内容刻录在光盘上，实现了更大容量的数据存储和更方便的传播。

2. 电子出版阶段

电子出版是指将文字、图片、声音、影像等信息以数字化形式存储在电子媒介上，并通过电子设备进行阅读和传播的出版方式。电子出版物包括电子书、电子期刊、电子报纸等，它们具有存储容量大、携带方便、检索快捷等优点。然而，此阶段的电子出版仍受限于电子设备的普及程度和兼容性等问题。

3. 多媒体出版阶段

随着多媒体技术的发展，电子出版进入了多媒体出版阶段。多媒体出版融合了文字、图像、声音、动画等多种媒体形式，为读者提供了更加丰富多彩的阅读体验。多媒体出版的出现，使得电子出版物的表现力和吸引力大大增强。

（二）网络出版阶段

网络出版是数字出版的重要发展阶段，它依托于互联网技术，实现了出版内容的在线发布和传播。网络出版打破了传统出版的地域和时间限制，使得读者可以随时随地通过网络获取所需信息。此外，网络出版还具有交互性强、更新迅速等特点，为作者和读者提供了更加便捷的交流和互动平台。

在网络出版阶段，出现了大量的网络文学、网络杂志、网络新闻等新型出版形式。这些形式充分利用了互联网技术的优势，实现了内容的快速更新和广泛传播。同时，网络出版也推动了传统出版业的变革和创新，为整个出版行业注入了新的活力。

（三）数字出版阶段

数字出版是数字技术发展的最新成果在出版领域的应用。它涵盖了电子出版和网络出版的所有优点，并在此基础上进行了进一步的创新和发展。数字出版不仅实现了出版内容的全面数字化，还通过大数据技术、云计算技术等先进技术手段对出版内容进行了深度挖掘和精准推送，满足了读者日益多样化的阅读需求。

在数字出版阶段，手机出版、跨媒体出版以及移动出版等新型出版形态不断涌现。手机出版借助智能手机的普及和移动互联网的发展，为读者提供了更加便捷的阅读方式；跨媒体出版则打破了传统媒体的界限，实现了文字、图片、声音、影像等多种媒体形式的有机融合；移动出版则进一步拓展了数字出版的应用领域，使得读者可以在任何时间、任何地点获取所需信息。

第二节　数字出版对图书编辑出版的影响

一、数字化时代背景对图书出版的具体影响

面对数字出版的新兴环境，图书出版业若欲寻求生存与发展之道，势必要顺应时代发展潮流，积极接纳并灵活运用多样化的出版形态，以此强化自身实力，服务行业发展，进而有效突破传统图书出版的局限与瓶颈，从容应对数字出版的新时代与新格局。在此过程中，数字化时代背景对图书出版的影响机制及具体体现，成为值得我们深入探究的重要议题。

（一）出版形式、内容趋向多元化

图书数字出版作为传统出版业在数字化浪潮下的拓展与创新，不仅极大地拓宽了出版的传播渠道，更从根本上突破了纸质媒介的物理限制，为知识的传播与获取开辟了新路径。其典型形式涵盖了电子书、数字图书馆等多种形态，这些新兴出版模式共同构建了一个跨越时空的阅读环境，使读者能够随时随地享受到便捷的阅读体验，标志着出版业向更加灵活、高效、广泛覆盖的方向的深刻转型。

（二）图书传播高效化

传统图书出版流程冗长、繁杂，从稿件征集、审稿、编辑加工到印刷发行，每一步都需耗费大量时间与资源，这无疑严重制约了图书内容的传播效率，难以满足现代社会对信息时效性的迫切需求。然而，随着数字化信息技术的迅猛发展，这一困境得到了有效缓解。数字化技术以其独特的优势极大地弥补了传统图书出版在传播速度上的固有缺陷。电子图书通过网络出版的模式实现了出版流程的快速简化，内容创作与发布的周期被显著缩短，图书内容实现高效传播。更进一步，数字化技术还为图书馆资源的共享奠定了坚实的基础，它打破了传统图书馆之间的物理与制度壁垒，使得读者能够跨越时空限制，迅速便捷地享受到丰富的数字图书内容，极大地提升了图书资源的利用效率与读者的阅读体验。

（三）传播范围趋向全民化

传统图书出版在传播过程中面临显著局限，由于高度依赖于中间商代理、销售的方式，其传播范围有限且效率低下。然而，随着数字化技术的深度应用，图书出版与传播模式发生了根本性变革。数字平台突破了时空壁垒，使图书内容能够跨越地域限制，通过多元化的媒介形式触达全球受众。读者不再受物理空间与时间约束,能够随时随地访问并获取所需图书资源,极大地拓宽了知识传播的广度。

(四)出版工序更加简易化

正如前文所述,在传统图书出版及市场投放的范式中,一系列烦琐的工作流程不可或缺,导致资源与时间的双重耗费。然而,数字化技术的深度融合为这一领域带来了革命性变化。它不仅能够精简图书加工阶段的传统人力密集型与资本密集型操作,从而显著降低图书出版的总成本,增强市场竞争力,增加销售利润,而且还能极大地提升图书出版的整体效率,实现从"成本削减"到"产量增加"的双重飞跃,真正践行"节本增效"的出版理念。

二、图书编辑应对图书数字出版的策略

现代数字信息科技在加速图书出版数字化转型之际,亦对图书编辑人员的专业素养提出了更高要求。这不仅体现在对文字表达精准性的持续精进上,更涵盖了对数字出版技术的深刻理解与掌握以及对行业发展趋势的敏锐洞察。编辑人员需不断拓宽知识边界,积极拥抱新技术,以构建适应数字出版时代的新标准,推动图书出版业向更高质量、更高水平迈进。

(一)加强自身专业素养的深化培育

图书编辑在新时代背景下,需坚实掌握并不断更新专业知

识体系，这一要求跨越了纸质出版与数字出版的双重领域。为顺应行业变革，编辑人员应主动拓宽知识获取渠道，积极参与各类专业研讨会，以交流前沿动态。同时，深入研读学术文献，紧跟学术潮流与技术发展，从而有效提升自身在数字图书出版领域的编辑能力，确保出版物质量与创新性并重，推动出版行业的数字化转型与发展。

（二）正确甄辨平衡传统、数字两类出版形式的内在联系

在辩证关系上，数字出版的兴起对传统出版市场构成了显著冲击，不仅撼动了其长期以来的主导地位，还催生了出版业的新思路与新生态环境。尽管两者在形态与传播方式上迥异，但均根植于丰富的内容资源之上，图书编辑作为内容"加工者"在两者间展现出高度的共通性。当前，出版领域正处于竞争与融合并存的复杂态势中，这种态势正携手推动着整个行业的深刻改革与转型升级。图书编辑需敏锐洞察这一趋势，巧妙平衡传统出版与数字出版的关系，充分发挥内容资源的独特优势，促进二者之间的深度融合与互通，以创新驱动出版业的可持续发展。

（三）熟练把握图书数字出版工序

数字化融合正深刻影响着图书出版的选题策划范式，促使传统出版业迈向转型新阶段。在新时期背景下，选题策划亟须

融入跨媒体思维，实现内容生产的多媒体拓展，以应对读者多元化需求。内容主题的策划应紧密结合网络信息资源，强化内容的连接性与互动性，构建读者参与的新生态。同时，数字出版选题策划尤为重视传播渠道的多元化布局，力求通过多渠道、多平台实现内容价值的最大化释放。图书编辑则需不断创新出版方式，灵活运用数字技术手段，以适应行业变革，引领出版业创新发展。

（四）开拓创新思维

图书编辑作为文化传承与创新的关键力量，应勇于担当，积极开拓创新思维。这不仅意味着要革新图书出版的传统思想观念，更需深入探索内容形式的创新改革，融合多媒体与网络技术，构建多元化、多层次的图书内容体系。通过优化选题策划，强化内容的连接性、互动性和个性化，推动图书出版行业进一步拓宽市场边界，拓展文化传播的广度与深度，逐步向社会支柱产业序列迈进。最终，这一系列努力将有力推动"全民阅读"教育目标的实现，为我国社会的全面进步与文化繁荣贡献力量。

第三节　图书编辑出版过程中的数字化技巧

随着信息技术的广泛普及与深入应用，其影响力已跨越传统界限，深刻渗透并重塑着各行各业的发展格局。图书出版行业作为文化传承与知识传播的重要阵地，正面临前所未有的挑战与机遇。为应对数字化浪潮的冲击，图书出版业正加速推进数字化转型进程，力求在变革中寻求新生。出版社需主动转变观念，从传统的纸质出版模式向数字化、网络化、智能化方向迈进，通过实践探索构建适应新时代需求的出版生态。在此过程中，积极引进先进的信息技术，并加大对数字化人才的培养力度，成为出版社提升行业竞争力、形成差异化优势的关键路径。

由于图书编辑出版过程中各环节的内容较多，本书无法一一涉及，下面仅针对编辑加工和质检两个环节的数字化进行介绍。

一、编辑加工的数字化技巧

在传统编辑加工领域，长期以来面临着字迹差异显著、人工修改过程烦琐复杂以及排版错误频发等固有难题，这些问题不仅极大制约了编辑工作的效率，也对出版物的整体质量构成了不容忽视的影响。随着信息技术的飞速发展，数字化技术在编辑加工环节的应用呈现出显著增长态势，这一变革极大地推动了编辑行业的无纸化办公进程，实现了从物理介质到数字平台的跨越。

数字化编辑加工的核心在于编辑人员需深刻认识到技术革新带来的机遇与挑战，积极学习并熟练掌握各类先进的编辑软件与工具，如内容管理系统、自动化校对软件及排版软件等。这些工具的高效运用不仅能够有效减少字迹差异与排版错误，还能简化修改流程，提升编辑工作的精准度与效率，进而在保证出版物质量的同时，实现编辑流程的全面优化与升级。因此，编辑人员的技术素养与对数字化工具的掌握能力成为推动数字化编辑加工发展的关键要素。

（一）Word 软件

出版社收到的作者稿件绝大多数是 Word 格式的电子稿件。从接收稿件到编辑加工、作者修改，编辑人员都可以在计算机上将相关信息记录存档，以备需要时查阅。由此，编辑人员的工作效率得到了提高，审稿质量也得到了提升。

Word 是一款常用的文字处理软件，其本身具有非常强大的功能。例如，利用"修订"功能，编辑人员对稿件的修改都会留下痕迹，并且清晰可辨、可以追溯。如果能掌握 Word 软件的一些操作技巧，编辑人员将会在工作中事半功倍。

对图书编辑出版过程中的编辑加工环节来说，下面几个操作技巧是比较实用的：

（1）在上标和平排格式之间切换：利用快捷键，先选中需要修改为上标或需要修改为平排格式的内容，再按"Shift+Ctrl+="组合键即可。

（2）统一删除链接：有时，稿件中的网址或者关键术语会自带链接，这会影响稿件的打开和运行速度。利用快捷键，先按"Ctrl+A"组合键，选中所有内容，再按"Shift+Ctrl+F9"组合键，即可将稿件中的所有链接统一删除。

（3）自动保存：单击"文件"→"选项"→"保存"命令，在"保存自动恢复信息时间间隔"中设置时间即可。对于理工类稿件，由于其中包含的图表、公式等较多，在编辑过程中容易出现问题（如死机或者闪退），建议将时间设置得短一些，如 5 分钟，甚至 3 分钟。这样，即使 Word 软件出现问题，也不会损失过大。对于以纯文字为主的稿件，则可以将时间设置得长一些，如8分钟，甚至10分钟。根据稿件的具体情况或者工作需要，可以勾选或者取消勾选"如果我没保存就关闭，请保留上次自动保留的版本"复选框。

（4）自定义组：在稿件的审读过程中，有时候需要频繁地修改字体、字号或大小写（在"开始"选项卡下）、插入圈码或者特殊字符（在"插入"选项卡下）、插入脚注（在"引用"选项卡下）等，在各选项卡之间来回切换较为烦琐。这时，可以通过新建组，将各个常用的命令放到一个组中。在Word软件的"功能区"右击，选择"自定义功能区"，打开"Word选项"对话框。在左侧的"从下列位置选择命令"中选择需要添加的命令，单击中间的"添加"按钮，该命令将会被添加到右侧的自定义组中。

需要注意的是，由于计算机屏幕的限制，如果一次在自定义组中添加的命令过多，图标会自动缩小，不便于操作。因此，建议根据实际需要，审读哪本稿件，就将这本稿件常用的命令添加到自定义组中。

（5）比较：一般来说，编辑人员都会把稿件返给作者修改。有时，出于各种原因，作者修改稿件时未使用"修订"功能，导致返回的稿件不显示修订痕迹，编辑人员无法知晓哪些内容修改了、哪些内容没有修改。这时，单击"审阅"→"比较"，打开"比较文档"对话框。在"原文档"中选择作者修改之前的稿件,在"修订的文档"中选择作者修改之后的稿件,单击"确定"按钮,就会生成比较文档。在该文档中,作者修改之处都以修订痕迹显示出来,一目了然。

(6)拆分文档:有时稿件过大,比较容易出现问题,或者时间紧,需要各审次同时进行。这时,编辑人员可以使用Word软件的拆分文档功能。首先要设置好稿件的标题层级(一般到三级标题即可,可通过"文档结构图"查看),然后单击"视图"→"大纲视图",为清晰起见,可在"显示级别"框中,选择"1级",即可只显示一级标题,隐藏其他内容。单击"显示文档",然后选中所有一级标题,单击"创建"→"关闭大纲视图",关闭并保存稿件即可。此时,稿件(主控文档)所在的文件夹中就会出现多个文件(子文档),这些文件是以各一级标题命名的。不同的人可分别对各子文档进行编辑,待所有工作都完成后,在主控文档的"大纲视图"中,单击"展开子文档",可在"显示级别"框中,选择"1级",然后选中所有一级标题,单击"显示文档"→"取消链接",即可得到编辑加工后的完整稿件。

(7)其他功能:例如,统一查找和替换、统一修改脚注格式、设置标题样式并自动生成目录、添加或调整页码等,这些功能很常用，但其操作较简单，此处不再赘述。

(二)专业校对软件

在实际工作中，出版社可配备一些专业校对软件，如黑马校对、方正审校等。编辑人员在对稿件进行编辑加工之前，可以先用这些软件对稿件进行处理。一方面，这能够有效地避免一些由人为疏忽导致的错误；另一方面，这能够减轻编辑人员的工作压力，提高工作效率。

以方正审校为例，它分为PDF版和Word版，具有多项功能，如一键审校、通用检查，包括字符检查、敏感内容检查、上下文查重、逻辑检查等专项检查，还包括知识检查、参考文献格式检查、批量查重、体例检查等专项处理功能以及图表管理、姓名排序、拼音标注、图转表格等特色功能。其优点包括以下几点：

第一，速度快。一本字数约为15万字的稿件，PDF版和Word版的校对时间都约为1分40秒，省时、省力。

第二，范围广。它可以校对汉字、外文和译文、标点符号、图表等内容。方正审校具有多个专业词库，校对时，针对不同专业的稿件，它会使用不同的专业词库。另外，它还可以校对稿件的逻辑，如文档大纲、序号（包括图序、表序、公式编号等）。如果稿件中存在标题或序号不连续、重复等情况，则审校结果会标红显示，一目了然。

第三，校错率高。Word 版和 PDF 版的校对结果都会以不同颜色区分不同错误类型，如敏感错误、严重错误、一般错误和存疑错误，尤其是稿件中的不规则简化字、错别字、错误的汉语成语等，它都会准确地识别。使用人员可以进行审校专项设置，如根据稿件编辑加工的实际需要，将"敏感词检查严格程度"设置为"宽松""一般""严格"；将"查重设置"设置为"字符数≥15个""字符数≥30个""字符数≥50个""字符数≥100个"等。

第四，更新及时。一些法律法规、国家标准、行业标准等有时会修订或更新，相关机构组织也会发布一些新的文件、报告等。对这些资料，该软件能够做到及时更新，为编辑加工工作助力。

第五，支持扩建词库。方正审校具有词库管理功能，编辑人员可以自行添加词条，管理词库，提高校对结果的准确率。

二、质检的数字化技巧

当前，出版社的质检体系涵盖印前质检（即图书付梓前的审查）与成书质检（书籍出版后的质量评估），二者均以纸质书籍作为主要的送检媒介。鉴于信息技术日新月异的现状，图书出版业正经历由传统出版模式向数字出版形态的深刻转型。

为全面实现图书编辑出版流程的数字化革新,出版社亟须深入探索质检环节的数字化转型路径。

此转型要求质检人员首先要完成心理层面的接纳与适应,随后在实践中逐步积累操作经验,主动识别并有效解决数字化质检过程中涌现的新问题,通过持续的迭代与优化,最终构建起一套成熟且高效的数字化质检流程体系,以适应并引领图书出版行业的数字化发展趋势。

(一)质检数字化的意义

第一,构建数字化质检模式,不仅是技术层面的革新,更是出版行业向数字化转型的关键一步。它能推动图书内容、编辑流程及业务管理的全面数字化,从根本上确保图书出版的高质量与标准化,显著提升质检工作的精准度与效率,为读者提供更高品质的阅读体验。

第二,构建数字化质检模式,能够促进质检工作向数据化和智能化方向转型。通过对质检数据的深度挖掘与分析,出版社能够精准定位图书质量中的薄弱环节,为后续的图书质量改进及前期环节的优化(如选题策划的精准性、编辑加工的精细化)提供科学依据与数据支持,形成闭环反馈机制,从而推动出版质量的持续提升。

第三,构建数字化质检模式,能够突破时间和空间的限制,实现文件的线上实时传输，为异地办公提供便捷，有利于提高质检工作效率，节省时间成本和人力成本。

第四，作为数字化出版流程不可或缺的一环，数字化质检与选题策划、编辑加工等前端环节紧密相连，共同构成完整、高效的数字化出版体系。这一体系的建立和完善，不仅能提升出版流程的自动化与智能化水平，还能为推出更多元化、高品质的图书产品提供有力保障，进一步丰富图书市场的品种与形态，促进整个图书出版行业的繁荣发展。

第五，建立图书编校质量检查结果数据库，是对出版成果的系统化整理与积累。这一举措不仅能为出版社内部的质量管理提供重要参考，也能为行业内外评估、图书质量分析提供权威数据源，对推动出版行业的标准化、规范化发展以及打造更多精品图书、提升行业整体竞争力具有深远意义。

第六，构建数字化质检模式，有助于解决目前质检工作中存在的一些问题。例如，双色甚至四色印刷的图书越来越多，与单色印刷的图书相比，它们的版面更活泼、重点更突出，更容易吸引读者的注意力、激发读者的学习兴趣。但送检的稿件一般为黑白打印的纸稿，除黑色以外，其他颜色的设计元素存在检查盲点，数字化质检可以很好地解决这一问题。

（二）质检数字化的实施

在质检的数字化探索初期，图书的格式主要为最常使用的PDF文件。随着经验的不断积累和工作的逐渐深入，图书的格式可以扩展到EPUB、DPUB、AR等。在实施质检数字化的过程中，出版社应重点做好以下几个方面的工作。

首先，要明确图书数字化质检的要求，以确保内容质量与技术标准的双重达标。为此，出版社需构建并持续优化一套全面、高效的数字化质检体系，涵盖从稿件提交到最终审核的全过程管理。送检稿件应统一采用PDF格式，确保文件格式的兼容性与部件的完整性，同时，质检字数需严格遵循既定标准，使用的软件及版本需统一，以消除技术差异导致的误差。此外，强调标注的规范化与版面设计的清晰度，推动质检流程的标准化作业。同时，还应建立有效的沟通机制，确保质检结果反馈渠道的畅通，允许编辑团队对质检结果及时反馈意见，形成闭环管理，不断优化图书数字化质量。

其次，要建立图书编校质量检查结果数据库。在经历严格的质检流程后，系统能自动生成详尽的记录表并安全地存储于数据库之中，此举不仅能确保信息的可追溯性，还能实现信息的长期保存，将极大地促进信息管理的规范化与高效化。该记录表以其结构化的数据形式，能极大地方便后续对差错类型的快速查询、精确检索及深入分析,从而能够直观展现各类差错的分布比例与特征。这一机制能为编辑团队提供强有力的数据支持,助力其有针对性地制定改进措施,有效降低图书内容的差错率,显著提升整体工作质量与效率。同时,通过对差错数据的深度挖掘,还能为选题策划提供宝贵的参考依据,如指导规范专业术语的准确使用,倡导通过权威网站查询资料以减少差错,进一步推动出版流程的精细化与专业化发展。

最后,要依托 ERP 系统所提供的技术支撑。图书数字化应以 ERP 系统为核心支撑平台,将图书编辑出版的全链条环节深度集成至 ERP 系统中,实现流程各节点的无缝对接与数字化管理。ERP 系统内,质检工作流程得以清晰界定,时间节点被精确记录,质检人员与质检结果均被详尽标注,从而得以构建数字化质检的智能管理体系。此外,出版社通过深度挖掘 ERP 系统后台数据,并融合先进的数据分析工具,能够有效识别数字化质检体系中潜在的问题领域,进而为制定科学合理的优化策略与解决方案提供坚实的数据支撑与决策依据。

诚然,如何扩充数字化质检的手段,使得质检工作更便捷、操作性更强?如何使编辑人员与后续工作更好地衔接,提高工作效率?这些问题还需要进一步探讨和解决。

三、图书编辑出版存在的问题及解决建议

（一）人的方面

在当前的图书编辑出版领域，数字化技术的融入与应用尚显不足，这一现状主要归因于行业内相关人员对数字化转型的深刻意义与紧迫性认识不足。面对信息时代的迅猛发展，管理人员作为引领行业前行的关键力量，亟须增强自身的数字化管理意识，通过积极参与行业内外的高水平研讨会与论坛不断更新管理理念，深刻理解数字化在提升出版效率、拓宽传播渠道、优化用户体验等方面的巨大潜力，并主动学习掌握先进的数字化管理工具与技术。

同时，业务层面的从业人员亦需深刻认识到数字化转型对图书编辑出版工作的不可或缺，从心理上接纳这一变革趋势，并主动寻求自我转型，将习得数字化技能视为提升个人竞争力与工作效率的重要途径。为此，加强跨部门的沟通协作、组织定期的培训与交流活动显得尤为重要。只有这样，才能全面提升全体员工的数字化技能水平，帮助员工紧跟时代步伐，灵活运用数字化手段于日常工作中。

此外，积极借鉴国内外先进出版社在数字化转型方面的成功案例与宝贵经验，结合自身实际情况进行创新与实践，也是出版社数字化进程中不可或缺的一环。出版业通过构建开放合

作、资源共享的生态系统，共同探索数字化时代的新型出版模式，以科技赋能文化，才能实现全行业的可持续发展。

（二）物的方面

当前，部分出版社面临资金不足的严峻挑战，这一瓶颈显著制约了其购置先进数字化编辑出版设备及专业软件的能力，进而导致设备与软件配备不全，严重降低了工作质量与效率。鉴于此，扩大成本投入成为出版社的迫切需求。在此过程中，出版社必须严格把关设备性能，确保软件系统的稳定性与兼容性，以充分满足复杂多变的编辑出版工作需求。此外，还应重视辅助设备的配置，如高效打印机、精密扫描仪等，以及必要的数据库资源采购，以构建完备的数字化工作体系。

总之，在当前的信息化时代，我国图书出版行业的快速、稳定发展，离不开数字化出版技术的广泛、深入应用。出版社要利用不断发展的信息技术，推动数字化在图书编辑出版过程中的应用，不断发现问题并解决问题，对数字化的编辑出版工作进行优化和完善，从而逐渐提升自身的核心竞争力，使自身在市场竞争中处于有利位置，实现高质量、可持续发展。

第四节　不同类型图书的数字出版实践研究

一、教辅图书的数字出版

数字出版的蓬勃兴起，不仅极大地丰富了教辅资源，也对传统纸质教辅出版模式构成了挑战与冲击。为应对这一数字化转型的必然趋势，教辅出版部门需积极迎接新挑战，通过深度融合纸质内容的深厚底蕴与数字化技术的创新应用，强化产品竞争力。同时，加速适应融媒体环境，推动转型升级，以更加灵活多样的现代出版方式满足市场需求。

（一）教辅图书出版受到数字出版技术的影响

1. 丰富了原有的教辅图书内容

在当今教育出版领域，教辅图书的编纂正经历着深刻的变革，其核心在于追求内容的丰富多样与高度吸引力，以充分契合学生读者的多元化学习需求。随着数字化技术的广泛普及，教辅图书不再局限于传统纸质形式，而是积极融入多媒体元素，极大地拓展了内容的广度与深度。这一趋势促使教辅图书出版领域呈现出日益丰富化与多样化的态势，覆盖了更广泛的知识领域，满足了学生探索不同学科领域的渴望。

尤为值得一提的是，通过创新性地设置二维码扫描功能，学生可即时链接至丰富的习题资源库及解答视频，这一举措不仅增强了教辅内容的丰富度，还通过直观、互动的方式提升了学习的趣味性与效率，进一步巩固了教辅图书在教育辅助中的核心地位。

2. 加快了教辅图书的信息传播速度

教辅图书作为教育体系中的重要组成部分，其核心价值在于高效传播学科知识，辅助学生构建扎实的理论基础并促进深层次理解。在信息传播过程中，确保信息的即时性与无延迟传递是基本要求，以契合学生快速学习节奏与知识更新周期。数字资源以其独有的快捷性、内容的丰富性以及呈现形式的生动性，为教辅图书信息的广泛传播与深度挖掘开辟了新路径。特别是电子教辅图书的兴起，极大提升了学生获取学习资源的便捷性，网络出版模式更是实现了出版效率的革命性飞跃。此外，电子教辅所融入的互动学习功能，如利用电子笔标注关键信息，不仅增强了学习的互动性，还有效促进了知识记忆的巩固，显著提升了学习的实效性与趣味性。

3. 扩大了教辅图书的信息资源覆盖范围

在当前教育变革的浪潮中，教辅图书的发展亟须突破传统资源流通的局限，通过拓宽覆盖领域与深化内容创新，特别是融入趣味性元素，来激发学生的学习兴趣与探索欲。出版单位应敏锐捕捉信息化时代的机遇，积极采用先进的数字技术，推动教辅图书的无纸化出版与高效流通，以构建一个更加开放、包容的学习生态系统。

数字化教辅书籍以其独特的优势彻底打破了时间与空间的双重限制，使学生能够在任何时间、任何地点进行自主学习，极大地提升了学习的灵活性与便捷性。同时，教辅书籍的 APP 平台不仅能够实现图书资源的即时发布与个性化推送，还能为学生与出版单位之间搭建直接沟通的桥梁。学生可轻松查阅所需资料，而出版单位则能迅速收集用户反馈，精准把握市场需求，从而不断优化教辅内容，提升教育服务质量，实现教育资源的优化配置与持续创新。

（二）改进教辅图书出版方式的应对策略

教辅图书的数字化转型，本质上为图书出版业带来了技术革新的契机，但也伴随着显著的出版流程转型挑战。图书出版单位应敏锐捕捉技术转型的机遇，充分利用其知识资源禀赋，合理改造传统出版模式。在教辅图书的传统出版方式进行全面转型的实践中，相关部门应当充分重视如下要点。

1. 正确运用信息化的教辅图书出版发行手段

在出版业的现代化转型中，数字化图书的出版发行策略被广泛推广，力求全面覆盖各年龄段读者，满足多样化的阅读需求。通过深度融合数字化与信息化技术，教辅图书的生产流程得以优化，出版效率得以提升，吸引力和互动性得以强化。教辅图书的相关出版单位应当着力开发新颖独特的展示形式与图书内容，进一步增强读者的阅读体验，推动教辅出版向智能化、个性化方向发展。

此外，正确运用教辅图书的数字化出版手段还意味着可以搭建云服务平台。该平台不仅能够适应读者群体日益增长的动态学习需求，还能促进教育资源的灵活配置与高效利用。图书出版社作为资源整合的关键角色，亟须完善教辅图书资源的归类与管理体系，依托先进的云管理平台，实现对海量数字资源的精准划分与科学管理。此平台不仅能够保障资源的准确分类与快速检索，还能对电子资源进行即时修改、灵活扩展、安全删除及个性化重组，从而在确保资源安全存储的基础上，极大地促进教育内容的创新应用与动态更新，为教育现代化进程提供强有力的技术支撑。

2. 密切重视教辅图书读者群体的真实需求

教辅图书出版的基本宗旨在于紧密结合读者的真实需求，确保出版物能够切实服务于学习者的实际需求。为此，出版社需全面实施前期调查工作，深入了解并分析广大师生对于教辅内容及其呈现形式的具体需求，以精准定位，有的放矢。在保障教辅图书良好的出版发行效果的同时，出版社还应敢于突破传统的出版思路与模式，积极探索并尝试全新的出版形式，以创新思维引领教辅图书的发展。此外，结合当前数字化出版的趋势，积极采取教辅图书出版发行的新措施，也是出版社提升教辅图书市场竞争力、扩大其影响力的重要途径。

教辅图书出版社可以搭建一个高效的沟通平台，以实现与读者的紧密联系，确保服务能够实时且高效地响应读者需求。及时与读者进行有效沟通是教辅图书出版过程中的一个重要方面，这不仅要求出版社充分了解并把握读者对于数字图书资源的多样化需求，还意味着出版社必须构建一种机制，使读者在注册平台信息后，能够便捷地登录到教辅图书信息服务平台，进而无障碍地获取所需的电子教辅资料。这样的平台搭建策略，不仅能够极大地方便读者，同时也能为出版单位提供宝贵的数据支持，有助于其深入分析读者的特点与具体需求，进而提升教辅图书的针对性和实用性，更好地服务于广大读者的学习与发展需求。

3.尝试融媒体出版，实现教辅图书的动态调整

教辅书籍的印发与出版过程是一个动态且需不断优化的过程，其核心在于紧随读者需求的变化而适时调整。在当前信息多元化、学习需求个性化的背景下，出版单位不仅要关注教辅书籍的传统编纂与印发，更需积极拓展纸质书籍的内容深度与广度，通过融入更多创新元素和实用信息，增强教辅图书的市场吸引力和读者的使用体验。同时，出版单位应充分利用新颖的内容资源和多样化的呈现方式，如融入富媒体元素、开发互动式学习工具等，提升教辅书籍的趣味性和实效性。此外，出版与编辑人员作为教辅书籍生产的关键主体，其业务素养的持续提升尤为关键，包括学习并掌握新媒体技术，以适应数字化出版的新趋势。特别是负责教辅书籍出版项目的管理人员，更应接受系统的数字化出版培训，熟练掌握融合出版的方法与技巧，从而推动教辅书籍在内容、形式及传播渠道上的全面创新与升级。

总之，教辅图书出版在数字化背景下已经开始明显的转变，客观上体现了教辅图书出版行业与数字化出版技术手段相融合的促进效果。

二、美术图书的数字出版

随着网络技术的发展，传统的图书以数字化的方式在网络上得到传播，美术图书也不例外。与文字相比，网络时代图片、图文更适合人们的阅读方式，美术图书比其他种类的图书数字化更具有优势，但是在发行、存储、营销过程中又存在着诸多问题，需要我们共同探讨对策。

（一）美术图书数字出版的意义

1. 降低图书出版的成本

数字出版作为一种新兴的出版形式，实现了传统纸质出版向数字化的转型，使用户能够通过各类数字终端便捷地阅读内容。这一变革不仅顺应了信息技术的发展潮流，还显著降低了出版过程中的纸张消耗、印刷及装订成本，尤其对于包含大量高质量图像的美术图书而言，其经济效益更突出。相比之下，传统图书出版常面临库存积压问题，不仅占用大量物理空间，还可能因市场需求变化而导致亏损。而数字出版则彻底摒弃了实体书籍的概念，从根本上削减了库存成本，为出版行业带来了新的发展契机。

2. 更利于美术图书的传播与普及

在传统出版模式下，美术图书的传播受到诸多因素限制，如地域、发行渠道和库存等。而数字出版则打破了这些束缚，通过互联网和移动设备，美术图书可以迅速触达全球的潜在读者。这种无边界的传播方式极大地提高了美术图书的可达性和影响力。

同时，数字出版还为美术图书的普及提供了新的途径。通过电子书平台、在线画廊等数字化渠道，读者可以更方便地获取和欣赏美术作品，从而培养对艺术的兴趣和爱好。这种普及不仅有助于提升公众的艺术素养，还能为艺术家和出版商带来更广阔的市场和更多的商业机会。

3.带给读者新的阅读体验

数字出版技术为美术图书的阅读带来了革命性的变化。通过高清的图片展示、交互式的界面设计和多媒体元素的融入，数字美术图书为读者提供了更加丰富、生动的阅读体验。读者可以随时随地通过手机、平板电脑等设备欣赏高清的美术作品，甚至可以通过虚拟现实（VR）技术沉浸在艺术作品的世界中。

此外，数字出版还为读者提供了个性化的阅读选择。读者可以根据自己的兴趣和需求，选择特定的章节或主题进行阅读，或者通过搜索和标签功能快速找到感兴趣的内容。这种定制化的阅读体验让美术图书更加贴近读者的实际需求，提高了阅读的愉悦性和效率。

（二）美术图书数字出版的基础

首先，得益于互联网与移动媒体的广泛普及，美术图书数字出版使得用户能够不受时空限制，便捷地在线欣赏丰富多样的美术作品，有效适应了现代人利用零碎时间进行视觉消费的需求习惯。

其次，随着教育水平的普遍提高，国民的整体审美能力显著提升，人们开始更加注重精神层面的追求与满足，艺术品已逐渐渗透到普通人的日常生活中，成为不可或缺的文化元素。

再者，高雅文化需求的回归为美术图书数字出版提供了新的市场契机。在互联网时代，通俗文化的泛滥促使社会开始重新审视并重视高雅文化的价值，这一转变直接催生了对高质量美术图书数字内容的需求增长。

最后，技术支持是实现美术图书数字化的前提保障，尤其是针对美术作品图像的存储与管理技术，需要不断优化与创新。科学、智能化的管理方法能帮助数字出版的美术图书保持高质量的视觉体验与文化传播价值。

（三）美术图书数字出版的问题

在当前数字化时代背景下，美术图书的数字出版本应充分利用现代科技带来的便利，实现内容的创新和传播效率的提升。然而，现实中美术图书数字出版却存在诸多问题，亟待深入剖析。

第一，目前大多数美术图书的数字版本仅仅停留在纸质书籍的简单数字化复制阶段，没有深入挖掘和利用数字出版所能提供的实时性、互动性和创新性。这种处理方式忽视了数字技术带来的独特优势，如多媒体元素的融入、用户交互体验的增强等，从而限制了美术图书在数字领域的发展潜力和市场竞争力。

第二，美术图书中大量的图片和作品在数字化过程中面临着存储和管理的挑战。由于美术作品具有特殊性，对图像处理技术提出了更高的要求。目前，一些数字出版物在图像处理上难以达到专业水准，这直接影响了读者的阅读体验和作品的艺术价值展现。

第三，网络环境中，美术类图书的同质化现象也日益严重。由于缺乏创新和差异化，大量相似的美术图书充斥市场，这不仅降低了整体的出版质量，也使得读者在选择时感到困惑，进一步导致市场的萎缩和消费者兴趣的下降。

第四，美术图书数字出版领域还面临着人才匮乏的问题。这一行业需要的是具备多方面能力的综合型人才，他们不仅要精通编辑和美术知识，还要熟悉网站运营、软件操作以及营销策略。然而，目前市场上这类人才相对稀缺，这制约了美术图书数字出版的进一步发展。

第五，一些美术出版社对数字化转型的重视程度不够，营销和宣传力度不足。这不仅影响了美术图书在数字市场的知名度和影响力，也限制了其商业价值的最大化。

（四）美术图书数字出版的对策

第一，加入丰富的多媒体元素和互动设计。在美术图书的数字出版中，通过加入音频、视频、动画等多媒体内容，可以极大地丰富读者的阅读体验。同时，借助先进的交互设计，例如虚拟现实（VR）和增强现实（AR）技术，使读者能够更直观地感受到艺术作品的魅力和深度。这种沉浸式的阅读方式不仅能提升用户的阅读兴趣，还能加深他们对艺术作品的理解和欣赏。

第二，将美术作品输入电脑后通过软件进行重新处理，保持纸质版神韵的同时提高图片的精确度，或者在原创画作的时候完全采用数字手段进行绘图，以实现生产过程真正的数字化。在技术上加大投入，重视数字化生产，才能保证图书数字化的有效运转。

第三，细分出版市场，找准目标，避免同质化。美术出版社根据自身所长打造属于自己的品牌，可集中在美术画册、摄影、技法类、理论、书法等有所重点地发展。精品化已成为互联网时代内容生产的共识。美术出版社应加强自身的品牌建设，力图传播优质的内容，努力使自身成为所擅长的领域内美术类图书品牌的权威；既要深入挖掘已有的资源，推出具有特色的内容，又要与时俱进不断开拓新的内容，从而打造具有自身特色的图书品牌。

第四，一个专业的出版团队是数字出版成功的关键。这包括编辑、设计师、技术人员以及市场营销人员等多方面的专业人才。通过内部培训和外部招聘相结合的方式，构建一个既懂艺术又懂技术的专业团队，是实现美术图书数字出版长远发展的基础。

第五，数字时代的营销早已离不开社交媒体。通过建立专业的运营平台，如官方网站、微信公众号、微博等，出版社可以与读者保持实时互动，及时了解市场动态和读者需求，从而调整出版策略，提升品牌影响力和市场竞争力。

三、音乐图书的数字出版

随着国家对素质教育的重视与推进，我国传统音乐图书产业规模持续攀升，传统音乐图书出版取得阶段性成果。当下，出版行业正面临产业升级、技术改造和企业数字化转型，我们要充分认识数字出版，从而寻找适合自己出版社的业务模式。针对现代图书出版的发展趋势，音乐图书开始向数字化出版方向发展。

(一)音乐图书数字出版发展现状

随着互联网技术的飞速发展与数字化阅读方式的日益普及,音乐图书的出版领域正经历着前所未有的变革。这一变革不仅体现在出版形式的多样化上,更深刻地影响了音乐图书内容的创作、传播与消费模式,推动了音乐图书数字出版的快速发展。以下将从数字音乐用户规模、技术进步及多元化发展三个方面,对音乐图书数字出版的发展现状进行详尽阐述。

1. 数字音乐用户规模庞大,为音乐图书数字出版带来机遇

近年来,中国数字音乐市场呈现爆发式增长态势,用户规模持续扩大,为音乐图书的数字出版提供了广阔的市场基础。截至2023年底,中国网络音乐用户规模已达到7.26亿,占网民整体的67.6%,数字音乐已成为大众娱乐消费的重要组成部分。这一庞大的用户群体不仅为数字音乐平台带来了可观的流量与收益,更为音乐图书的数字出版提供了潜在的市场需求。

数字音乐用户的快速增长,反映出公众对高质量音乐内容的需求日益增长,而这种需求进而延伸至音乐图书领域。用户不满足于聆听音乐,更渴望深入了解音乐背后的故事、创作理念及文化背景,这为音乐图书数字出版提供了丰富的创作素材与广阔的市场空间。音乐图书数字出版商可以依托数字音乐平

台的用户基础，精准定位目标读者群体，开发符合市场需求的高质量音乐图书产品，满足用户深层次的知识获取需求。

2.音乐图书数字出版在技术上有显著提高

技术的不断进步是推动音乐图书数字出版发展的关键因素之一。随着大数据、云计算、人工智能等先进技术的应用，音乐图书的编辑、排版、制作及传播过程实现了全面数字化与智能化。具体而言，这些技术革新在音乐图书数字出版中发挥了以下几方面的作用：

首先，内容生产方面，人工智能技术的引入使得音乐图书的创作更加高效与个性化。通过自然语言处理、情感分析等技术手段，可以辅助作者生成富有创意的文本内容，同时根据读者的阅读习惯与兴趣偏好进行精准推荐，提升用户体验。

其次，编辑制作方面，数字化工具的应用极大地提高了音乐图书的编辑效率与质量。数字化编辑系统能够自动完成格式调整、校对纠错等烦琐工作，减轻编辑人员负担，同时支持多媒体内容的嵌入，如音频、视频片段，使音乐图书的呈现形式更加丰富多样。

最后，传播渠道方面，互联网与移动设备的普及为音乐图书的数字出版提供了便捷的传播途径。音乐图书可以通过电子书、有声读物、在线课程等多种形式在各大数字平台上架销售，实现跨地域、跨时间的即时传播，极大地拓宽了市场覆盖面。

3. 以纸质图书为依托，实现音乐图书数字出版多元化发展

尽管数字化出版在音乐图书领域展现出巨大潜力，但纸质图书作为传统出版形式，其独特价值仍不容忽视。音乐图书数字出版的发展并非孤立于纸质图书之外，而是与其形成了相互依存、相互促进的关系。以纸质图书为依托，音乐图书数字出版拓宽了多元化的发展路径。

一方面，纸质图书为数字音乐图书提供了丰富的内容资源与创作灵感。许多经典的音乐图书作品经过数字化处理后，以电子书、有声书等形式重新焕发生机，吸引了大量年轻读者的关注。同时，纸质图书中的优质内容也为数字音乐图书的创作提供了宝贵素材，促进了音乐图书内容的持续创新与发展。

另一方面，数字音乐图书的出版又反哺了纸质图书市场。通过数字化手段对纸质图书进行宣传推广，可以扩大其影响力与知名度，吸引更多潜在读者关注并购买纸质图书。此外，数字音乐图书的便捷性与互动性也为读者提供了更加丰富的阅读体验，进一步激发了读者对纸质图书的兴趣与需求。

在多元化发展的趋势下，音乐图书出版商应积极探索纸质图书与数字出版相融合的发展模式。通过整合线上线下资源、优化内容生产与传播流程、创新盈利模式等手段，实现音乐图

书出版业的可持续发展。同时，还应注重版权保护与技术创新，确保音乐图书数字出版在健康有序的环境中稳步前行。

（二）音乐图书数字出版存在的问题

音乐图书，作为一类特殊的出版物，其内容与形式的独特性使其在数字化转型过程中面临诸多挑战。尽管数字出版已成为图书行业的重要趋势，但音乐图书因自身的特殊性，并非所有资源均适宜或能够顺利转化为数字形态，并通过数字平台进行有效传播。因此，音乐图书要实现数字出版，必须深刻理解并遵循图书数字出版的市场机制与规律，同时科学合理地利用其专业优势，持续探索和开发适宜的出版资源。然而，就当前的发展状况而言，音乐图书的数字出版之路面临多重障碍。

第一，音乐图书数字出版发展动力不足。音乐图书数字出版的推进，首要挑战在于发展动力的不足。相较于传统文学或科普类图书，音乐图书的市场需求相对较小，这直接导致了其在数字出版领域的投资回报预期不高。出版社及投资者在权衡成本与收益后，往往对音乐图书的数字化转型持保守态度，缺乏足够的动力去推动相关项目的实施。此外，音乐图书的内容专业性较强，要求编辑、制作团队具备相应的音乐背景知识，这也增加了数字出版的难度与成本，进一步削弱了其发展动力。

第二，技术相对滞后，缺少专业人才和与时俱进的创新理念。技术是实现音乐图书数字出版的基石,然而当前的技术水平在音乐内容的数字化处理、交互式设计以及跨平台兼容性等方面仍存在明显短板。特别是针对音乐图书中丰富的音频、视频资源,缺乏有效的数字化转换工具和标准化流程,影响了数字产品的用户体验。同时,音乐图书数字出版领域缺乏既懂音乐又精通数字技术的复合型人才,导致创新理念难以融入实践,限制了数字出版产品的多样性和创新性。

第三,缺乏精细化的销售渠道和多元化的营销模式。音乐图书数字出版的成功,不仅在于优质的内容与先进的技术,更在于能否通过精细化的销售渠道和多元化的营销模式触达目标读者群。当前,音乐图书的数字销售往往依附于大型电商平台或综合类数字图书馆,缺乏专门针对音乐爱好者的特色平台和个性化推荐机制。在营销模式上,也未能充分利用社交媒体、音乐社区等渠道进行精准营销和内容推广,导致音乐图书数字产品的市场认知度和购买转化率均处于较低水平。

(三)音乐图书数字化转型的推动策略

音乐图书要想实现数字化转型,不仅要依靠技术的支持,还要不断探索新的出版形式,整合优化内外环境,为数字出版的发展夯实基础。

1. 利用纸书的优势，构建数字出版立体化思维

在当前的出版领域，出版社相较于新媒体平台，其在内容的权威性和影响力上仍具有显著优势。然而，随着数字技术的迅猛发展，传统出版业也需与时俱进。编辑应积极利用互联网平台，深入洞察读者需求，并以此为基础，进行选题策划的创新，从而确保内容既具有学术价值又符合市场趋势。特别是音乐编辑，他们有机会通过融合纸质出版与数字出版，开发出更加丰富和多元的业务模式。例如，可以构建以纸质出版为核心，以数字出版为辅助的综合性出版模式。在这一框架下，可以通过设置如音乐家词典、音视频赏析等多样化板块来满足不同读者的需求。例如在 RAYS 系统线上平台为读者提供音视频、图文等多媒体资源，并支持用户上传和学习，从而极大地丰富读者的学习体验。同时，通过建立读者交流圈，为读者提供一个分享图文、交流想法的平台，并及时为读者答疑解惑，形成良好的社区氛围。此外，还可以在图书销售网站上设置音乐家词典、音乐工具书、音视频赏析、数字乐谱、打卡、投票、互动问答等多种小程序，构建以纸质图书为依托，立体化数字出版的发展模式。

2. 提高创新意识，不断拓展音乐图书二次开发新思路

在融媒体时代背景下，音乐编辑必须具备扎实的专业能力、

高尚的职业素养和前瞻的创新理念。为了有效应对媒体融合带来的挑战,音乐编辑应熟练运用新媒体和微传播手段,实现音乐内容的多元化传播,从而显著拓宽音乐图书的传播渠道。在策划音乐类图书时,除了传统的纸质出版,还需积极考虑线上平台的搭建与多媒体配套资源的开发,如音频、视频教程等。此外,通过深入挖掘和二次开发音乐图书内容,可以有效延长其生命周期,为读者提供更加丰富的艺术体验。编辑在策划过程中,应巧妙地将声音、画面、图形和文字融为一体,以全面提升音乐图书的使用价值和市场竞争力。

3. 建立大数据思维,优化营销渠道和模式

在当前数字化转型的大背景下,针对点击量庞大的图书资源进行大数据分析,已成为出版行业创新发展的重要策略。具体而言,通过在图书上印制二维码的方式,收集并分析用户行为数据,不仅能够洞察读者的阅读习惯与偏好,还能为后续的精准营销活动提供坚实的数据支撑。这一做法旨在实现内容推送的个性化与定制化,从而提升用户体验,增强图书的市场竞争力。

同时,充分利用手机 App、微博、微信等多元化的线上渠道,进行图书的立体出版与广泛传播,不仅能够拓宽图书的受众基础,还能极大地丰富与读者的互动形式,有效增加读者黏性,

开辟新的营利途径。此外,通过定期举办线下读书会、作者见面会等活动,出版社可以直接获取读者的真实反馈与需求,为图书产品的持续优化与延展提供宝贵的参考依据。特别是在数字音乐图书这一细分领域,更需精心定制营销方案,结合多渠道内容推送策略,构建专业权威的专家库资源,为读者提供在线咨询、课程讲解等增值服务,从而提升图书的品牌影响力与读者的长期忠诚度,促进该类型图书在激烈的市场竞争中脱颖而出。

总之,出版业态的"速改"要求我们树立全方位整合资源的意识,适时找准音乐图书数字化转型的契机,顺应全媒体时代的发展趋势,对内容进行立体化设计与开发,在竞争中站稳脚跟,在新时代编辑工作中彰显自我价值。

第五章　数字技术赋能图书编辑出版创新

本章通过详细分析新媒体、大数据、人工智能等技术的具体应用与融合方式，重点揭示数字技术如何引领图书出版行业的革新。

第一节　新媒体技术优化图书编辑出版

随着科技的飞速进步，数码杂志、移动电视、数字电视等一系列新媒体形式涌现，知识的传播与交流方式日益呈现出信息化与现代化的趋势，这对以传统纸质书籍作为知识载体的图书出版业构成了显著冲击。面对新媒体时代的发展浪潮，图书出版编辑需秉持正确的认知态度，积极适应新媒体的演进趋势，并致力于工作观念与思维模式的创新。为了更有效地拓展读者市场，出版社应加速构建一支具备复合能力的编辑出版人才队伍，进而推动出版行业的持续健康发展，不断提升图书出版的品质。

一、新媒体时代图书编辑出版工作创新的意义

在新媒体时代背景下，创新已成为图书编辑工作的一个重要方面。面对信息传播的快速迭代和读者需求的日益多样化，图书编辑不仅需要适应这一时代的特征，还需在标准化作业的基础上，严格遵循科学的工作程序，以确保编辑工作的质量和

效率。同时，图书编辑应积极关注新闻热点，敏锐捕捉社会动态，通过精心策划和编辑，有效传播正面信息，引导社会舆论向积极健康的方向发展。

鉴于传统图书编辑方法已难以满足当前读者的多元化需求，编辑模式的创新显得尤为重要。出版行业需深入了解公众的阅读偏好和需求变化，积极适应新媒体的传播特性，探索融合发展的新路径。在此过程中，图书编辑应致力于调动读者的阅读热情，通过丰富多样的内容形式和呈现方式，满足读者的多元化阅读需求，营造一种愉悦、互动的阅读氛围，从而推动图书编辑工作在新媒体时代实现新的发展跨越。

二、新媒体时代图书编辑出版工作中存在的问题

（一）图书编辑中信息化人才匮乏

在新媒体蓬勃发展和信息技术日新月异的时代背景下，出版社应不断提升书籍内容的吸引力，以此激发读者兴趣并推动销售量的增长。然而，目前能够熟练运用新媒体技术的图书编辑人才相对稀缺。传统的图书编辑工作多以文字和版面设计为主，融入趣味性和互动性元素颇具挑战性。因此，现代图书编辑不仅需要具备出色的资讯素质，还需熟练掌握各类编辑软件。当前，国内图书编辑领域信息化人才严重缺乏，新入职的编辑人员需要相当长的时间来掌握必要的软件技术，才能独立承担

编辑工作。

（二）出版模式的科学性、有效性较低

图书出版业作为一个历史悠久且充满文化底蕴的行业，其工作流程一向以严谨和精细著称。然而，这种传统的工作模式往往伴随着较长的出版周期，这在某种程度上限制了其与市场和顾客的实时沟通。在当今新媒体蓬勃发展的时代背景下，如果图书出版业仍然固守传统的出版经营模式，将难以迅速捕捉读者需求的变化和市场动态的更新。因此，出版业必须主动拥抱创新，深入剖析自身的独特特点和明确市场定位，以便更好地适应新环境。尽管数字技术为出版社带来了诸多便利，但在营销层面，许多出版社仍然沿用传统的推广方式，未能充分利用数字技术的优势。此外，由于缺乏深度的市场调研，出版社可能无法准确了解读者的真实需求和市场的潜在机会，这无疑对其长远发展构成了制约，影响了出版业的可持续发展。

（三）图书品类单一，时效性有待增强

传统出版销售模式长期受限于纸质媒体平台的物理特性，其内容的展现形式相对单一，难以在多元化的信息时代中脱颖而出。相比之下，新媒体以其高效的信息传播能力，能够实现信息在全球范围内的快速传播，显著提高了内容的可达性和时效性。然而，传统图书销售在网络营销方面存在明显短板，其覆盖面和推广力度均显不足,这无疑加剧了传统出版业在数字化时代的竞争劣势。因此,如何利用新媒体优势拓宽销售渠道、提升内容多样性,是传统出版业亟待解决的问题。

三、新媒体时代图书编辑出版工作创新的策略

(一)树立创新思想,进行图书编辑工作理念的更新

首先,图书编辑必须深刻认识到新媒体对读者阅读习惯和生活方式的深远影响。为了更好地适应这一变革,编辑应采纳"新媒体+"的思维模式,将互联网技术与图书出版紧密结合。通过利用新媒体技术,编辑可以创新工作方法,同时结合自身的专业优势,为出版业注入新的活力。

其次,应用新媒体技术不仅能够对业务流程进行优化,还可以显著提高经营效率,降低运营成本。在市场分析方面,采用 SWOT 分析、数据挖掘等先进技术,可以更精准地把握市场趋势,为图书策划和营销提供有力支持。通过这些措施,可以提升出版单位的开放性、多元化水平,从而提升其核心竞争力。更重要的是,编辑需要转变传统观念,不再局限于纸质载体,而是利用新媒体技术创新图书内容,并将其应用于多元化的信息传播载体上,以满足现代读者的多样化需求。

（二）把握读者的阅读需求趋势，增强选题策划的精准性、新颖性和前瞻性

图书选题策划在出版流程中占据着举足轻重的地位，对于提升出版物的整体质量以及增强市场竞争力具有不可或缺的作用。在当今媒体环境下，无论是新媒体还是传统媒体，内容质量始终是吸引和留住受众的核心要素。因此，精心策划选题，不仅关乎出版物的文化底蕴，更直接影响其市场表现。

在进行图书选题策划时，必须紧密结合读者需求与市场动态，力争策划的内容既符合读者的阅读期待，又能在激烈的市场竞争中脱颖而出。若选题与读者和市场需求脱节，将会大大降低出版物的市场竞争力，甚至可能导致项目的失败。

为了提升选题的质量，策划者需具备敏锐的洞察力，准确把握主流读者群体的阅读偏好，从而创作出更具吸引力的作品。此外，还可以利用网络平台提供的数据分析工具，更精确地制定项目规划，减少盲目性。同时，通过与读者的直接互动交流，深入研究他们的兴趣和需求，不断为作品注入新的创意。更进一步，运用大数据挖掘技术跟踪新媒体上的热门话题和趋势，提升选题的前瞻性和预见性，为出版物赢得先机。

（三）加强人才培养，提升图书编辑的整体素质

在新媒体时代背景下，图书编辑面临着前所未有的挑战与

机遇。为了适应这一变革，图书编辑必须不断完善自身的知识结构，提高业务水平，以应对行业的快速发展。他们不仅需要熟练掌握各类办公软件，实现无纸化办公，提升工作效率，还需灵活运用新媒体社交平台，加强与读者的沟通交流，从而更精准地把握市场需求。同时，还要挖掘和培养有潜质的作者，紧跟市场热点，不断提升图书市场竞争力。此外，图书编辑还应熟悉并掌握网络直播、微信公众号等新兴传播方式，以扩大书籍的影响力。在此过程中，还要学习新媒体相关的法律法规，增强数字版权意识，防范法律风险。通过这些措施，图书编辑可以更好地适应新媒体时代的需求，推动出版业的持续发展。

（四）线下和网络有机结合，积极开拓图书市场

图书销售情况作为衡量出版业收益的关键性经济指标，其重要性不言而喻。然而，传统的图书销售方法在某些情况下效果不尽如人意，往往难以触及并吸引更广泛的潜在读者群体。鉴于此，新媒体的崛起为图书宣传带来了新的契机，其强大的传播能力和互动性能够显著提升宣传效果。通过巧妙融合纸质书籍与网上销售平台，出版社可以打破传统销售模式的局限。更进一步，借助"网红"与"大V"等社交媒体达人的资源，可以有效刺激读者的购买欲望，为图书销售开辟新的增长点。

（五）转变定位，迭代创新

新媒体与新技术的不断涌现，对出版产业乃至整个社会均产生了深远影响。这一变革促使编辑必须融合传统编辑观念与新技术思维，迅速转型，以适应新的角色定位。在数字化浪潮中，编辑应致力于创造出更符合现代读者口味和需求的作品。数字出版的核心特征，如内容的灵活替换、服务的个性化差异以及作品的多样化展示，都为编辑工作带来了新的挑战与机遇。传统出版在转型过程中，需要摒弃固有的平面化内容形式，紧密结合新媒体的互动性、即时性等特点，使出版物以更加独特且立体的方式呈现给读者。在图书编辑工作中应用新技术，不仅要求编辑深刻理解图书内容的精髓，还需巧妙设计关键字检索、个性化推荐等功能，不断优化产品，实现营销创新，从而彻底摆脱传统模式的束缚。

（六）整合各方面资源，实现稿件的整体优化

在新媒体时代背景下，公众对图书内容和阅读体验的需求日趋多样化，这无疑对出版业提出了更高的要求。图书编辑工作在此背景下显得尤为重要，它不仅要紧密结合互联网时代的特性，更要有效地整合各类内容资源，不断充实和丰富图书种类，以满足不同读者的阅读需求。同时，编辑工作还需与数字资源进行深度融合，以拓展图书的传播渠道和阅读方式。

随着移动网络和信息技术的迅猛发展,信息传播的速度和覆盖范围得到了显著提升与扩大,信息爆炸式增长已成为常态。这一变化使得数字书籍的出版周期大幅缩短,对出版业的响应速度提出了更高的要求。因此,图书出版业必须敏锐地观察和把握新的出版形态以及市场发展趋势,制订出更灵活的出版规划。例如,通过建立数字图书馆等网络资源拓宽图书的传播途径,为读者提供更加便捷的阅读体验。此外,利用网络热点话题来规划和确定出版主题,不断提高出版效率,提升出版物的质量。

综合而言,在新媒体背景下,图书出版业应积极发挥其导向作用,并充分利用新媒体的积极作用为提升人民的生活品质作出贡献,推动新媒体发展机制的进一步完善。

第二节　大数据技术革新图书编辑出版

互联网技术的飞速发展及其在各行各业的广泛应用为大数据技术的发展与应用创造了良好的客观环境，同时也极大地改变了公众的生活和工作习惯。因此，大数据时代的信息传播方式和传播渠道的多样化对传统行业产生了极大的冲击，用户需求的转变推动着传统行业向着现代化、信息化方向发展。针对图书出版行业而言，在大数据时代，移动终端和便携设备的普及使读者的阅读习惯发生改变，读者的阅读需求呈现出多样化的发展趋势，导致传统的图书编辑出版工作难以满足时代的发展要求。此外，图书编辑出版工作的市场竞争力不断萎缩，图书库存的不断增加与生产需求的不断降低等难以调和的矛盾迫切要求传统的图书编辑出版工作实现数字化转型。[1]只有利用信息技术不断丰富自身的图书编辑出版形式，利用大数据技术

---

[1] 周群：《大数据时代图书编辑出版工作创新路径研究》，《文化产业》2022年第24期，第19–21页。

不断挖掘读者的现实需求，传统图书出版企业才能在激烈的市场环境中保持较强的竞争力。

一、大数据时代图书编辑出版工作面临的挑战

（一）读者的阅读需求发生改变

在大数据时代背景下，信息技术的飞速发展与智能终端的广泛普及，深刻重塑了信息传播的格局与阅读生态。读者的阅读需求呈现出前所未有的多样化趋势，日益倾向于"短平快"的信息获取方式，对电子化阅读及沉浸式体验表现出强烈偏好。这种需求变化直接驱动了阅读方式的革新，碎片化时间阅读逐渐成为公众日常生活中的新常态。

面对此番变革，传统出版业正面临严峻挑战，其固有的出版模式难以充分满足新兴阅读需求，加之编辑与读者之间沟通渠道的不畅，进一步加剧了供需错配。在选题策划环节，传统出版社常面临选题方向难以精准把握的难题，容易偏离读者真实兴趣及社会热点，导致出版物市场接受度下降。这一系列挑战不仅削弱了传统出版业的市场竞争力，还严重制约了图书出版行业的持续健康发展，迫使业界积极探索数字化转型与创新路径，以应对大数据时代下的阅读变革。

（二）图书制作模式更加具体化

在当今出版业的深刻变革中，图书编辑出版工作模式正加

速向数字化转型。然而，在转型过程中部分图书出版企业因固守传统理念导致数字化转型不彻底，其内容创作与编辑环节未能充分融入数字技术，进而造成内容质量参差不齐，难以达到市场与读者的高标准要求。

市场需求与供给之间的错位成为行业痛点，图书内容创新与实用性不足，难以精准对接多元化、个性化的阅读需求，部分企业在激烈的市场竞争中逐渐被边缘化乃至淘汰。此外，编辑团队在媒体渠道运用上的不足，限制了其获取读者偏好与市场反馈的时效性与准确性，影响了产品策略的调整与优化。加之编辑人员数据收集与分析的积极性不高，以及企业内部规章制度在激励与引导方面的不完善，进一步加剧了信息闭塞与决策滞后的问题。

尤为值得注意的是，行业内"劣币驱逐良币"的现象时有发生，低质内容充斥市场，不仅损害了消费者权益，也长远地侵蚀了行业的健康发展基础，亟待通过综合施策，强化数字化能力，优化内容生态，以促进出版业的可持续繁荣。

（三）图书市场呈现出多样化的发展趋势

在大数据时代背景下，信息传播渠道的多元化显著促进了图书市场的发展，新媒体平台的崛起更是为图书市场注入了前所未有的活力，推动了其多样化进程。图书形式经历了从传统纸媒向电子图书、网络读物等多媒体形态的深刻转变，这些新兴形式凭借其便捷性与互动性，深受读者青睐。然而，图书出版行业面临着严峻的人才短缺问题，尤其是缺乏既精通信息化技术又具备编辑出版能力的复合型人才，这严重阻碍了企业推广与销售模式的创新步伐。

进一步观察，信息化图书虽具潜力，但其市场占有率仍显不足，加之推广销售策略单一，传统出版企业在转型升级中遭遇瓶颈。信息技术本应成为丰富图书内容、创新呈现形式、优化推广销售环境的强大驱动力，但当前编辑出版人员对于信息技术的利用尚不充分，未能有效实施多样化推广策略，加之综合阅读平台的缺失，使得市场尚存巨大潜力亟待挖掘。因此，加强人才队伍建设，深化信息技术融合应用，成为图书出版业突破瓶颈、实现可持续发展的关键路径。

二、大数据时代图书编辑出版工作创新路径

（一）创新图书编辑理念，丰富图书出版形式

在大数据时代背景下，读者需求的多元化与个性化趋势显著，这对图书出版企业构成了前所未有的挑战。为应对这一变化，企业必须积极创新编辑理念，从内容到形式全面丰富出版生态，以满足市场多样化的阅读需求。具体而言，企业要通过深度应用大数据技术进行读者需求调研，精准捕捉市场动态，

以实现图书内容与表现形式的多元化、精细化定制。

在理论层面,编辑人员需勇于革新思想,重塑工作模式,强化自身在新媒体技术领域的应用能力,深刻认识到信息化转型对于出版业发展的至关重要性。同时,紧跟市场趋势,不断学习前沿知识,以优化内容质量为核心,提升出版物的思想性、艺术性和可读性。

在实践层面,企业应进一步优化选题策划流程,确保出版物紧密贴合读者实际需求。结合大数据技术的优势,开发多样化的出版形式,如纸质书、电子书、有声读物等,实现多媒体融合出版,打造一体化阅读体验。这一策略不仅能丰富出版产品的形态,还能提升企业的市场竞争力,推动图书出版行业的持续繁荣与发展。

(二)完善图书制作流程,实现图书出版的数字化转型

在图书编辑出版领域,数字化转型构成了其革新发展的基石。这一转型不仅要求图书编辑出版工作模式的根本性变革,还强调构建一套高效、集成的数字化图书制作流程,通过大数据技术的深度融合,显著提升编辑出版的质量与效率。

具体而言,建立系统化的数据收集与分析机制,为选题策划提供科学依据,确保出版活动紧密贴合读者需求,从而精准定位出版模式与目的,有效缩短策划周期,提升策划效率。同时,

引入智能化编辑校对工具,利用专业软件优化编辑流程,大幅减少人为校对中的错误与遗漏,显著提升校对工作的精准度与效率。此外,构建并维护读者数据库,深入分析读者的阅读习惯与偏好,为图书内容的精准推送提供数据支撑,有效激发读者的阅读兴趣,促进出版行业的个性化服务与良性发展,实现从内容生产到市场反馈的闭环优化。

(三)构建高质量人才队伍,打造一体化图书出版平台

在当今知识经济与数字化转型的双重浪潮下,图书出版企业亟须深化人才培育与技术创新路径,以应对行业变革。首要任务在于强化人才培养机制——不仅需加强对现有图书编辑出版人员的信息化技能培训,提升其运用数字技术优化工作流程的能力,还应积极引进具备大数据分析、人工智能应用等前沿技术背景的信息化人才,为企业注入新鲜血液与创新活力。

同时,深化大数据技术的战略应用是图书出版业转型升级的关键。图书出版企业要通过推动大数据在选题策划、内容创作、市场需求预测等编辑出版全链条的深度嵌入来实现精准化决策与个性化服务,增强市场响应速度与竞争力。

对进一步优化资源配置与提升运营效率而言,打造从选题策划至市场调研的一体化图书出版平台显得尤为重要。该平台应集成先进的信息管理系统,实现流程的高度自动化与统筹管

理，确保各环节无缝衔接，显著提升出版效率与质量。

此外，构建标准化管理体系是保障图书编辑出版高质量运行的基石。图书出版企业要通过制定并实施统一的编辑标准、质量控制流程及版权保护机制，帮助图书达到行业较高水平，同时提升企业的品牌信誉与市场影响力。

最后，图书出版企业还要积极探索线上线下融合推广的新模式，搭建一体化的图书推广销售平台，不断拓宽图书销售渠道，促进市场反馈与编辑团队的即时互动，形成良性循环。通过精准营销、社群运营等手段，深度挖掘读者需求，持续迭代图书内容与形式，共同推动图书出版业的繁荣发展。

第三节　人工智能与图书出版融合发展

近年来,人工智能领域的发展势头迅猛,人工智能与各行各业的融合应用如雨后春笋般崭露头角。图书出版行业作为传统文化产业的重要分支,不仅承担着提升行业相关企业经济效益的职责,还肩负着为广大人民群众提供高品质文化产品和精神食粮的重任。因此,探讨和推进与人工智能的融合发展对出版业的未来至关重要。

一、人工智能在图书出版业务全流程中的融合应用

随着科技的迅猛发展,人工智能技术已逐渐渗透到图书出版业务的全流程中,从内容制作到编辑加工,再到图书发行,其应用日益广泛且深入。这种技术的融合不仅提高了出版效率,还为出版业带来了新的发展机遇。

(一)人工智能与图书内容制作的融合应用

人工智能技术正深刻变革图书内容创作领域,显著提升创作效率与质量。通过融合先进的自然语言处理技术,人工智能

系统能够生成逻辑严密、条理清晰的文章，其智能生成能力在科技、金融等多个专业领域尤为突出，有效助力高质量文章与深度分析报告的快速产出。此外，人工智能还扮演了创意激发者的角色，辅助作者进行灵感挖掘与构思创新，不仅丰富了创作内容，还增强了作品的市场竞争力和吸引力。在内容创作的后期阶段，人工智能凭借其在语言理解与校正上的卓越能力，大幅提高了校对与修改的效率和准确性，显著降低了人力成本，为出版业带来了前所未有的高效与精准。

（二）人工智能应用于图书编辑加工的可行性

在探讨人工智能应用于图书编辑加工的可行性时，其潜力显著体现在版式设计、插图配图及文字编辑校对等多个维度。

在版式设计方面，人工智能技术能够自动设计出既美观又符合读者阅读习惯的版式布局，显著提升书籍的视觉呈现效果，增强阅读体验。

在插图和配图的选择上，人工智能能智能推荐与文本内容高度契合的图片，不仅强化了图文之间的内在联系，还大幅提升了图书的可读性和视觉吸引力，同时有效缩减了编辑人员筛选图片的时间成本。

在文字编辑校对方面，人工智能展现出卓越的错误识别与纠正能力，有效提升了图书内容的准确率，为图书出版质量提供了坚实保障。综上所述，人工智能在图书编辑加工领域的应用具备高度的可行性与实用性。

（三）人工智能与图书发行的融合应用

在图书发行方面，人工智能技术的应用同样广泛。

首先，借助先进的大数据分析技术，人工智能能够深度挖掘市场潜在趋势与读者群体多样化的需求偏好，为出版社提供前瞻性的市场洞察。这一过程不仅增强了市场预测的精准度，还促进了营销策略的定制化与精细化。

其次，人工智能在个性化宣传推广方面展现出巨大潜力，它根据用户行为数据与兴趣偏好，通过社交媒体、电子邮件、在线广告等多渠道实施精准推送，有效提升了图书信息的触达效率与用户关注度，同时显著降低了营销成本。

最后，在销售渠道的优化布局上，人工智能凭借强大的数据分析能力，协助出版社精准识别高效销售路径，优化销售网络布局，从而实现销售业绩的稳步增长与市场竞争力的全面提升。

二、人工智能与图书出版融合发展的建议

人工智能与图书出版的融合发展目前还处于初期探索阶段，人工智能技术与图书产业需求的具体结合还有待时间的磨合，智能化应用设想完全变为现实仍有很长的路要走。同时，

我们也要看到，人工智能与图书出版的融合发展对出版业的创新转型具有巨大的推动作用，尤其是在持续释放生产力、重塑产业结构和生产关系方面是其他因素所无法比拟的。

（一）利用数据挖掘助力图书选题策划

在当前图书出版业快速发展的背景下，图书选题策划正面临着前所未有的挑战，传统依赖经验与人工筛选的方法日益显露出效率低下与准确度不足的弊端。为应对这一困境，人工智能技术的引入为选题策划的革新提供了强大动力。通过深度挖掘与大数据分析，人工智能能够显著提升选题策划的精准度与工作效率，为出版社的决策过程注入科学性与前瞻性。

具体而言，人工智能技术能够高效储存并共享图书生产过程中涉及的多源信息数据，包括但不限于读者偏好、销售数据、作者资源等，构建起全面而细致的信息网络。出版社可借此优势，利用人工智能算法深入分析阅读市场需求、捕捉网络热点趋势，从而迅速且精准地确定选题方向，有效缩短选题论证周期。

此外，人工智能还具备强大的市场分析能力，能够助力出版社深入了解市场同类选题的分布、表现及潜在竞争态势，为选题策划提供详尽的市场情报支持，进一步强化选题的差异化与竞争力。值得注意的是，已有智能工具在媒体选题策划领域展现出显著成效，其成功经验与技术优势应被积极推广至图书出版领域，以全面推动图书选题策划向智能化转型，促进出版业的可持续发展。

（二）利用人工智能优化图书编辑加工流程

在传统图书编辑加工领域，长期以来面临着一系列显著弊端，如流程烦琐冗长、高度依赖人工操作、周期长、劳动强度大等。这一现状迫切呼唤着编辑流程的创新与优化。随着人工智能技术的飞速发展，其在图书编辑领域的应用为解决上述问题提供了新路径：①作者上传电子书稿；②人工智能进行初步审核；③初审不合格者邮件通知作者进行修改，合格者由人工智能完成初步文字加工及排版工作；④推送给复审人员进行复审；⑤由终审人员进行终审；⑥终复审问题交由有经验的责任编辑修改；⑦人工智能协同美编进行封面设计；⑧人工质检；⑨出蓝图、印刷、装订。从这个简化流程中我们不难发现，直到第④步复审开始，才需要编辑人员介入，之前大量较初级的加工工作都已交由人工智能自动完成，只有复审、终审以及问题部分的修改仍由编辑人员把握，这无疑会极大地缩短图书编辑加工的周期，降低编辑人员单位图书的工作强度，并且在终复审及质检环节由人工把关，保证了图书的质量。另外，无纸化电子办公模式的推广进一步彰显了人工智能在图书编辑中的优势。它省去了传统校对环节中的纸张依赖,不仅进一步缩短了编辑周期,还显著减少了纸张的浪费与环境污染,符合绿色出版的时代要求。

值得注意的是,人工智能在图书编辑中的广泛应用深度依赖于自然语言处理技术的持续进步。这一技术的发展水平直接决定了人工智能系统对文本内容理解、分析与编辑的精准度与效率。因此,未来图书编辑加工领域的进一步发展,将紧密伴随自然语言处理技术的不断创新与融合。展望未来,随着技术的不断成熟与跨界融合,图书编辑加工流程有望实现全流程的人工智能自动化。这不仅将彻底颠覆传统编辑模式,还将极大地推动出版业的数字化转型与高质量发展。

(三)注重复合型出版从业人员的培养

在数字化转型的浪潮中,编辑人员的角色正经历着深刻的转变,这一过程显著由人工智能技术的迅猛发展所驱动。人工智能的广泛应用不仅极大地解放了编辑人员的生产力,使他们从烦琐的数据处理、信息筛选等重复性劳动中解脱出来,更赋予了他们充裕的时间与空间,使他们能专注于内容的深度挖掘与创造性工作,如高质量内容的策划、独特视角的阐述及文化价值的传递。这一转变促进了人机协同新模式的产生,其中人工智能以其高效的数据处理能力和精准的分析预测,与编辑人员的专业判断、人文关怀及创新思维紧密结合，共同推动出版、传媒等产业的协同发展，实现了效率与质量的双重提升。

这种理想的协同状态不仅要求人工智能技术的不断完善，也对出版从业人员的培养提出了新的更高要求。

第一，必须具备全面的综合素质。不仅要在逻辑分析、批判性思维、深度思辨及精湛写作等核心能力上精益求精，还需具备敏锐的审美感知与坚定的政治素养，以确保内容的导向正确与审美价值。

第二，必须具备广泛的知识结构体系。涵盖编辑学、出版学、传播学乃至跨学科领域的深厚底蕴，能为编辑工作提供坚实的理论支撑与广阔的视野。

第三，必须具备人工智能的专业知识。在人工智能与出版业融合发展的时代背景下，从业人员只有掌握人工智能的思维和编辑能力、计算机使用能力、智能化技术应用能力，熟悉人工智能技术的使用技能，善于运用人工智能手段对图书进行加工处理，对融合状态下图书出版的全流程进行把控，才能在人机协作中游刃有余。

第四，必须具备一定的创造性思维和创新能力。人工智能的不断融入与结合，不断挤压行业中那些劳动密集型的工作或生产环节，行业从业者的不可替代性，从长远看，必然来自其个性化内容创作、编排设计、营销传播等工作能力的提升。

  图书出版业与人工智能的融合进程，亟须业界秉持开放与包容之姿，积极拥抱由人工智能技术引领的智能化转型浪潮。在此创新转型的关键时期，智能化技术被视为驱动产业升级的核心动力，对其持续深化与拓展的理解与应用，将为融合发展奠定坚实的基石。诚然，人工智能技术将重塑出版产业的运作模式，显著提升生产效率并重构生产关系，然则，出版人秉持的理想信念、深厚情怀及精益求精的工匠精神，作为行业之魂，始终是推动图书出版业不断前行、历久弥新的不竭源泉。

结语

面对数字化浪潮的冲击，图书编辑出版行业正站在转型的十字路口。本书的探讨，旨在帮助行业更好地应对这一变革，把握新技术带来的机遇，实现创新发展。我们坚信，只有不断创新，紧跟时代步伐，图书编辑出版行业才能在激烈的市场竞争中立于不败之地。

展望未来，图书编辑出版将与科技更加紧密地结合，数字化、智能化将成为行业发展的新趋势。我们期待，通过不断探索与实践，图书编辑出版行业将为读者带来更多优质的精神食粮，同时也将为文化的传承与发展贡献更大的力量。

参考文献

一、著作类

[1] 陈桃珍. 图书编辑实务 [M]. 北京：世界图书出版公司，2013.

[2] 贺子岳. 数字出版导论 [M]. 武汉：武汉大学出版社，2022.

[3] 陆盛强. 完整的现代图书出版 [M]. 上海：复旦大学出版社，2014.

[4] 司占军，顾翀. 数字出版 [M]. 北京：中国轻工业出版社，2013.

[5] 徐金娥. 图书编辑实务 [M]. 成都：西南交通大学出版社，2014.

[6] 朱胜龙. 现代图书编辑学概论（第 2 版）[M]. 苏州：苏

州大学出版社，2013.

二、期刊类

[1] 陈君良.图书编辑政治意识与把关要点解析[J].中国出版，2012（16）：37-38.

[2] 陈艳娇.提高图书编辑出版质量的有效路径[J].中国报业，2023（20）：54-55.

[3] 冯宁宁.大数据时代图书编辑出版工作创新路径研究[J].采写编，2024（2）：145-147.

[4] 韩尔立，赵玉山.传统图书编辑如何适应数字出版[J].出版参考，2010（7）：20.

[5] 何慧.论数字出版对教辅图书出版的影响及应对策略[J].传媒论坛，2021，4（6）：94-95.

[6] 黄庆斌.新时代图书编辑选题策划能力提升策略探讨[J].传播与版权，2021（12）：23-25.

[7] 李佳艺.如何解决图书编辑出版中的质量问题[J].中国报业，2022（6）：64-65.

[8] 李萌.数字出版对教辅图书出版的影响[J].文化产业，2024（8）：92-94.

[9] 李雪颖.音乐图书数字出版发展策略初探[J].出版参考，

2021（6）：75-77.

[10] 李义坤.新时期如何解决图书编辑出版中的质量问题[J].传媒论坛，2019，2（15）：144+146.

[11] 陆晟.数字出版技术与编辑出版工作的数字化[J].出版广角，2014（2）：66-67.

[12] 马铭烩.新媒体时代图书出版编辑工作创新的策略探讨[J].采写编，2023（11）：142-144.

[13] 桑昀.人工智能与图书出版融合发展研究[J].科技与出版，2017（9）：94-97.

[14] 石晶，张茜.基于"精益思维"的图书出版编辑创新思考[J].新闻研究导刊，2021（6）：179-180.

[15] 汪利敏.美术图书数字出版的问题与对策探究[J].新闻传播，2018（24）：51-52+55.

[16] 王可.图书编辑出版过程中的数字化技巧与探索[J].中国传媒科技，2023（3）：139-142.

[17] 王元.人工智能与图书出版融合发展研究[J].中国传媒科技，2022（1）：57-59.

[18] 武菲菲.人工智能技术与出版行业的融合应用[J].出版广角，2018（1）：26-28.

[19] 张凡，钱俊.浅议图书编辑出版业务流程再造[J].中国

编辑，2019（11）：55-60.

[20] 张珺楠. 新媒体技术在图书编辑出版工作中的应用 [J]. 中国传媒科技，2022（6）：125-127+131.

[21] 周群. 大数据时代图书编辑出版工作创新路径研究 [J]. 文化产业，2022（24）：19-21.

[22] 朱霞. 浅析数字出版发展对图书出版编辑的影响 [J]. 新闻传播，2021（6）：84-85.